北京市哲学社会科学"十一五"规划项目

儿童生态道德教育丛书

ERTONG SHENGTAIDAODE JIAOYUDAOLUN

儿童生态道德教育导论

中国儿童中心 编

北京师范大学出版集团
BEIJING NORMAL UNIVERSITY PUBLISHING GROUP
北京师范大学出版社

图书在版编目(CIP) 数据

儿童生态道德教育导论／中国儿童中心编．—北京：北京师范大学出版社，2011.11
 ISBN 978-7-303-13384-0

Ⅰ．①儿… Ⅱ．①中… Ⅲ．①环境保护－儿童教育
Ⅳ．① G621

中国版本图书馆 CIP 数据核字(2011)第178346号

出版发行：北京师范大学出版社 www.bnup.com.cn
　　　　　北京新街口外大街19号
　　　　　邮政编码：100875
印　刷：北京中印联印务有限公司
经　销：全国新华书店
开　本：170 mm × 230 mm
印　张：12.75
字　数：192千字
版　次：2011年11月第1版
印　次：2011年11月第1次印刷
定　价：28.00元

策划编辑：倪　花　　责任编辑：谭苗苗
美术编辑：王　蕊　　装帧设计：张同龙　丁道勇
责任校对：李　菡　　责任印制：李　啸

《儿童生态道德教育丛书》编委会

《儿童生态道德教育导论》编委会

编者的话

从 20 世纪 60 年代起，全球性的生态危机和环境问题开始让人类重新审视和调整人与自然的关系，全球已将"可持续发展教育"作为调整人与自然关系的新希望。我国政府亦将"人与自然的关系"纳入了公民道德建设体系，将"生态文明"作为国家建设和发展的重要内容。

中国儿童中心作为国家级的校外教育机构，开展对未成年人思想道德建设是我们义不容辞的责任，在国家财政的支持下，中国儿童中心于 2008 年立项"全国少年儿童生态道德教育计划项目"（以下简称"生态项目"），并于 2008 年 6 月 1 日正式启动。"生态项目"以生态教育为载体，面向全国，通过研究、培训、实践活动、基地建设等方式，联动家庭、学校和社会，开展少年儿童的生态道德建设，促进儿童全面发展。

本书主要是从理论层面对生态道德教育进行了梳理与探讨，包括生态道德教育的源起、发展、概念内涵、目标方法与模式等方面；对"儿童生态道德教育"进行理论架构与定位，尝试为生态道德教育的实践探索确定方向。

这是初步的尝试。我们所描绘的生态道德教育图景，将有赖于更多志同道合的朋友们一起来探讨和努力。

中国儿童中心　丛中笑
2011 年 10 月

>>>>>> 目 录 ●●●

引言
生态道德教育的时代意义

○ 提　要

• 生态道德教育，以生态教育为教学内容主题，在生态教育过程中，以学生的道德发展作为目标。这是一种直接指向现代主要社会问题的教育形式。

人类给破坏自身系统的微生物命名为病毒，并且下了相对明确的定义，总结了病毒的特点。从这几个特点我们可以清楚地看出：对于地球来说，人类是它最致命的病毒。

人类具有对地球最大的破坏性。人类生来就是垃圾的制造者，消耗能源，制造垃圾，污染环境，使地球的绿色之肺——森林渐渐萎缩，各种各样的病症——沙漠化、核污染、白色污染、原油污染等层出不穷，越来越多。

人类具有高度的自我复制性。人类不断创新自己所谓的"科技"，生命的质量越来越高，活得越来越久。随着人类不断地自我复制，目前已经拥有60亿之众，对地球的损害也越来越大。地球不堪其损害，只好采取地震、海啸等自我救治措施来杀人类（类似于人体的自我免疫和药物治疗），可惜人类抵抗自然灾害的能力已经越来越强（类似于病毒的抗药性），想要杀死他们已经太不容易。

人类具有极强的传染性。开始的时候，人类只是生活在地球的少数地区，对地球造成的危害也是比较小的。但是，只要有一个人发现了新大陆，就立即会在当地繁衍生息，不断扩大自己的领地。到现在，人类的踪迹已经无所不在，连北冰洋里的水和珠穆朗玛峰顶的雪也被污染了。人类，传染得太快、太彻底。

城市——地球的肿瘤。人体上总有特别适合病毒生活的地方，随着人体局部组织的细胞异常增生，就形成了生命的大敌——肿瘤，这一现象在地球上的表现就是人类的聚集居住区——城市。有的城市控制住了迅速扩大的趋势，管理得相对较好，我们可以称之为良性肿瘤。有的城市不顾地球的负担，无限制地迅速增长、扩大，占据了越来越多的土地，给地球造成的危害越来越大。城市，不是地球的肿瘤是什么？

河流堤防——地球的动脉硬化。水是生命之源，在非洲大地上，我们看到，一旦有暴雨来临，水毫无限制地漫布了整个大地，随之而来的是丰富的植被。而在所谓文明的土地上，河流再也没有随意流淌的自由，它们被牢牢地限制在河道里，运输那些称为"人类"的病毒和养分。河流是地球的动脉，现在这动脉的管道已经硬化了，失去了滋润生命的能力，连它流的血，也是肮脏的。

读到以上几段文字，我们是否感到有些言过其实、危言耸听？而实际上，早在 1968 年，就有人做过类似的比喻，将人口爆炸比作癌细胞的扩散（Ehrlich，1968，p.152）："癌症意味着细胞不受控制地增长；人口爆炸则是人口不受控制地增长。仅仅对癌症的表征进行诊治，也许会让病患暂时感受到舒适，但是最终等待患者的是死亡。如果处理人口爆炸问题，也仅仅针对其表征的话，类似的命运也将等待着世人。我们必须要转换思路，由关注表征，转向努力切除病灶。这种手术也许需要相当残酷无情的决定，剧烈的痛苦也许让人难以忍受。但是，既然已经病入膏肓，就只有雷霆手段才能给人生机。"美国哲学家保罗·泰勒（Paul Taylor）更进一步，甚至认为："对地球的整个生物群落来说，现代人类的灭绝，总体来说显然是个好事。"（Taylor，1986，p.114）

那么，人类果然是那么不堪、那么邪恶，以至于需要比作病毒、癌症，或者干脆灭绝掉吗？虽然这些观念和提法不同，但是都在颠覆我们固有的自我优越感。在这些文字中，人类不再是万物之灵，而是破坏地球的罪魁祸首。他们以不同的方式提醒我们，现代人类对地球的破坏，实在太过深远了！

本文倡导的儿童生态道德教育，正是以这样一个人类力量急剧扩大的时代，作为整个问题发生的主要背景。我们的着眼点是儿童道德教育，但是我们有更为远大的目标。

① 自然对人类的意义

一个健全的生态是人类生存的基础。从喝的水到吃的食物，从富饶的海洋到肥沃的大地，生态系统的方方面面都在为人类提供产品和服务。正是一个宜人的生态系统，使得地球成为人类的家园。自然的慷慨，是人类经济生活的基础。特别是对于经济尚不发达的国家更是如此。农、林、牧、副、渔，向人类提供了世界上大多数的工作机会。并且，直到今天，在世界的大部分地区，这些行业仍然是主要的经济支柱产业。

除了物质生活上的意义，一个健全的生态还是人类精神生活的家园。它是宗教体验、道德体验的最初来源。并且，一直到现代，人类都不断有着回到自然的冲动，要求到自然当中寻求美的体验和真正的栖息。可以说，无论是在物质还是精神层面，健全的自然或生态对人类来说，都是不可或缺的。

② 人类对自然的漠视

可惜的是，生态对人类的意义，并不能引起人们的关注。自然一直以一种无限包容的姿态对待人类。结果，人类不再感恩这种宽厚，而是把自然给予的一切善待都视为理所当然。自然成了一个一直在那里的对象，我们所要做的，只是走进去、取出来。尽己所能，无所顾忌。

并不像有些人认为的那样，只是近代工业革命以后才出现环境问题。实际上，在漫长的人类文明史当中，已经多次出现了人类文明对自然的恣意破坏。例如，早在公元前2600年，今天的黎巴嫩地区曾经覆盖着茂密的雪松林。与古代相比，今天这个地区早已面目全非。这种改变，就是历史上长期滥采滥伐的结果。所以说，人对自然的漠视，古已有之。直到今天，在科技已经十分昌盛、环境问题丛生的现代社会，这种漠视的态度仍然十分普及。对许多普通人来说，环境问题与我无关。"自然"从我们厨房的水龙头里流进来，我们还给"自然"的也只是按一下抽水马桶。很少有人愿意追根溯源，关心这种人与自然的沟通方式会有什么不妥。也许直到某一天，直到环境问题已经不可收拾，我们才会严肃地考虑对待自然的态度问题。

③ 在中国进行生态道德教育的独特重要性

看起来，环境问题总是会让人类尝到苦果。并且，这种苦果总是表现为人类不能继续从自然那里获得给养。那么，这就是环境危机的全部吗？并非如此。一些敏锐的观察者已经告诉我们，现代人类对自然的漠视，结果绝不仅仅是利益损失那么简单。虽然，正是"意义"和"漠视"之间的极端不匹配，激励了第一批先行者开始关注自然。但是，在中国进行环境教育，有自己的独特背景。

当前中国正处在国民经济总体实力急剧增加、人民生活水平逐渐提高、经济社会平稳发展的黄金时期。但是，我们同时也感受到中国当前遇到的一些新问题：大气污染严重、水资源紧缺、水环境恶化、固体废弃物排放与处置严重不匹配、噪声污染严重、工业污染排放急剧增加、土地资源流失加剧、草原和森林资源储备急剧下降、生物多样性受到威胁……在世界其他地区曾经出现过的，伴随经济快速发展而出现的"发展病"，几乎无一例外地在中国上演（参考"生了梅毒的母亲"）。

生了梅毒的母亲

有一天黄昏，和一位瑞典朋友去看淡水的落日。河水低潮的时候，密密麻麻的垃圾在黑色油腻的污泥中暴露出来。好不容易找到一块离垃圾远一点的地方，刚坐下来，就看到这个毛毛头、五岁大的小男孩盯着我们，转身对抱着布娃娃、年龄更小的小女孩，用很稚嫩的声音说："妹妹，我会听英文，这个外国人在说我们台湾很不进步……"

我愣住了——因为我的金发朋友一句话也没有说。这个小毛头在捏造故事，可是他捏造了什么样的故事啊！中华民族的自卑感已经这样深了吗？这孩子才五岁啊！

火红的太阳在垃圾的那一头沉了下去，我默默地离开淡水河。

而居然有人说：台湾没有你说的那么糟！

要糟到什么程度才能使你震动？

在德国，我看见莱茵河里游着雪白的野天鹅，公路旁高高地抽着鲜红的罂粟花，森林里嬉笑的小孩在寻觅香菇和莓果。

在意大利，我看见裸着身子的女郎在冰凉透明的湖里游泳，老太婆坐在葡萄藤下聊天，贩夫走卒在笼罩着月光的沙滩上跳舞。

在希腊，一个像淡水一样依山傍水的小镇里，我看着渔民把鹅卵石铺在海堤上，就着粼粼的波光喝酒唱歌；干瘠的山上猛烈地开着星星似的野花。

在土耳其，我碰到穿着花裙的吉卜赛女人背着满箩筐的花朵，沿着古老的石板路叫卖，脸颊丰润的小孩在山坡上滚来滚去。

回到台湾，我去看山——看见剥了皮的青山。绵延的绿当中突然陷下一大块，沙土被挖走了，红土石砾赤裸裸地暴露出来。台北县的山满目疮疤，像一身都长了癣、烂了毛的癞皮狗，更像遭受强暴的女人……

我去看水。听说官渡有雪白的水鸟，不错，可是水面上密密的覆盖着一层垃圾，水鸟瘦瘦的脚找不到栖落的地方。嬉笑的小孩涉在乌黑恶臭的水里抓水虫。

居然有人说：台湾没那么糟！

为了多赚几毛钱，有人把染了菌的针筒再度卖出，把病毒注入健康人的身体里去。为了享受物质，有人制造假的奶粉，明明知道可能害了千百个婴儿的性命。为了逃避责任，有人在肇事之后，回过头来把倒地呻吟的人瞄准了再碾过一次。我们的子女坐在教室里，让毒气给熏倒。我们的朋友喝了伪酒而失明。我们的兄弟，被车撞断了腿，每天拄着拐杖，一跛一跛上学校。而我们自己，心平气和地吃喝各色各样的化学毒素，呼吸污浊的空气，在横行霸道的车辆间仓皇怯懦苟活。

要糟到什么程度你才会大吃一惊？

【资料选自：龙应台（1985，pp. 23—25）。】

那么，中国的环境问题，仅仅是环境保护的问题吗？龙应台在20世纪80年代对台湾的观察，给我们提供了否定的答案。环境破坏，不但伴随着社会对环境问题的普遍漠视，而且更糟的是，环境破坏还与整个社会风气的败坏、国民道德生活质量的蜕化同时出现。对环境的漠视，与人对自身道德生活的漠视联系在一起。一个关注道德生活的民族，一个敬畏崇高道德原则的民族，也是一个更有能力反思和处理人与自然关系的民族。反之亦然。这种判断，构成了我们呼吁儿童生态道德教育的一个基本理由。

此外，中国今天的种种环境问题，是否仅仅归咎于中国人环保意识的缺乏？答案也是否定的。环境问题背后还涉及更复杂的环境公正问题。（参考"从环境主义到环境公正"）这构成我们呼吁儿童生态道德教育的第二个基本理由。虽然同处于一个地球，弱势群体、经济不发达地区的人群，更容易受到环境破坏的威胁。具体到中国社会，我们面对的种种环境问题，其中有相当一部分可以理解为一种国与国之间环境不公正的结果。另外，我们也发现，越是社会经济地位低下的人群，越难逃脱"毒奶粉""黑大米"的包围。谁说这不是环境不公正的问题呢？

从环境主义到环境公正

20 世纪早期，多数环境主义者是政府和工业利益的同盟军。当时的环境主义者总是让人们联想到背包客、鸟类观察家、童子军或自然爱好者。这种形象是白人族群中的中上流人士的形象，这批人要求保护质朴的荒野，或者设立重要的保护区。环境运动常常是关注森林、河流以及其他物种的保护。即使是在学术界，环境学者和实践的环境伦理传统，也是关注于小范围的主题，例如，是否要给树木或岩石赋予权利？自然有没有内在价值？它们是不是完全不相干的？

二十年前，当富有的环境主义者们聚焦于休闲活动、环境学者继续热衷象牙塔里的主题时，一种草根的环境运动开始吸引社会大多数弱势群体的注意。他们意识到，穷人和少数民族受到各种社会威胁的伤害最大，这些社会威胁包含环境污染、过速的发展以及资源损耗。这些草根运动观察到，农场工人的社区受到杀虫剂的毒害、美洲土著的部落被放射性废料破坏、非裔美国人等少数群体受到城市垃圾的困扰、拉美裔的定居者受到垃圾焚烧炉的威胁、阿巴拉契亚小镇被外地的煤矿公司控制。他们观察到，这些少数族群，必须在环境污染和失业之间进行交易、在缩小税收和有毒废料排放之间进行交易、在一无所有和半饥半饱之间进行交易。存在这种交易的社区，人们担忧的更多的是饥馑、失业和暴力犯罪，相比之下对工业污染、对健康的损害关注较少。就像一直致力于环境公正的鲍勃·布勒特教授所观察到的那样，这种情况已经发生了变化。多数的少数族裔不愿意继续这种永远不会获胜的交易。他们意识到，自己是对污染和发展主义者抵制最少的人群，于是开始采取行动。事实上，布勒特说，80％的少数族裔抵制社区，一开始都是从环境组织开始的。这些组织展示、跟进、倾听、举办工作坊、研究和诉讼。

许多人意识到，传统的环境活动家，与环境公正的诉求是相矛盾的。前者与环境公正有着不同的目标和背景，因为他们本身就是来自于不同的世界。

【资料选自：Shrader-Frechette（2002，pp.5—6）。标题为编者所加。】

　　无论是环境问题投射的国民道德生活质量的下滑，还是环境问题包含的全球范围的环境不公正，都是现时代中国社会正在面对的重要问题。生态道德教育，以生态教育为教学内容主题，在生态教育过程中，以学生的道德发展作为目标。这是一种直接指向现代主要社会问题的教育形式。因此，作为儿童生态道德教育的倡导者，我们都有理由相信自己。我们所从事的，是与当前中国的时代需求相和谐的事业，是一种前瞻性的事业。这种事业有着巨大的意义。

第一章
现代道德教育的困境

提 要

- 只有对 20 世纪德育发展有充分反省,才有可能找到适应新世纪需求的发展方向。
- 德育的发展历程和趋势,是时代精神在教育领域的一种反映。
- 现代德育理论在其发展历程中,德育的关注点由个人自由转向社群精神。这种转向代表了整个 20 世纪后半期德育理论的发展趋势。
- 个人自由与社群精神之间的冲突,是现代道德教育困境的核心。

20 世纪是人类文明高速发展的世纪。今天习以为常的现代生活中的大部分便利,都是在 20 世纪开始出现的。同时,20 世纪也是人类灾难深重的世纪。两次世界大战,是全人类的梦魇。人类生存危机的程度和范围,都达到了史无前例的状态。在这种背景下,20 世纪的教育也发生了重大变革。这段时期出现的一些教育理论与实践,构成现代道德教育发展的基础。可以说,只有对 20 世纪道德教育发展有充分反省,才有可能找到适应新世纪需求的道德教育发展方向。

一、现代德育理论的发展历程与趋势

对现代德育理论,已经有一些专著作过回顾和介绍,例如:蒲培和瑞恩(Purpel & Ryan,1976)、麦祈伦(McClellan,1999)、洪特和穆林斯(Hunt & Mullins,2005)等。凭借这些作品,我们可以对现代道德教育的这些理论的主要特色、理论与理论间的相互关联,获得大致了解。

(一) 现代德育理论的发展历程

在 20 世纪 60～90 年代，出现过四种十分重要的道德教育理论，包括价值澄清、道德认知发展、关怀教育以及品格教育。其中，价值澄清和道德认知发展，更是所有讨论道德教育的书籍无法忽略的主题。这四种理论都在理论界引起过广泛的讨论，讨论主题牵涉到哲学、心理学、教育学等各个方面。有关道德教育的许多重要问题，在这些讨论中得到了推进。另外，从教育实践的角度来说，这些理论都曾对学校教育带来过重大影响。

四种重要的道德教育理论			
流派	兴起时间	代表人物	主要论点
价值澄清	20 世纪 70 年代	拉斯（Louis Raths）	一切行为都反映行为者的价值； 价值教育无可回避； 如何得到价值比价值的实质内容更重要； 利用"珍视—选择—行动"协助进行价值选择。
道德认知发展	20 世纪 60 年代	科尔伯格（Lawrence Kohlberg）	道德发展的主要标准是道德判断的方式； 道德判断的方式呈现出结构性整体的特点； 不同道德判断水平呈现阶段性； 两难问题讨论有助于道德判断的发展。
关怀教育	20 世纪 80 年代	诺丁斯（Nel Noddings）	尊重学生的体验和感受； 关注师生关系； 强调情感性联系，而非理性判断； 学校教育应围绕关怀概念来重组。
品格教育	20 世纪 80 年代	里克纳（Thomas Lickona）	强调核心价值，而非理智训练； 强调认知、情感、行动的统一； 使用群体生活作为教育途径。

这四种理论当中，前两个是道德教育理论具有典型的现代特征，而关怀教育和品格教育则是分别对一些古老传统的恢复。因此，后两种理

论可以视为对现代道德教育困境进行深入反思的产物。这四种理论以及相应的教育实践，构成了 20 世纪道德教育发展的突出成就。

在理论研究者的世界中，后起的理论，常常是基于对当下主流理论的反思。表现在论述上，就是常常以当前主流理论为假想敌。这四种理论之间，也存在这种前后继承或反对的联系。这也致使 20 世纪中后期的德育理论发展历程，表现出十分明显的周期性。以 10 年为一周期，每个周期内呈现出十分一致的特点。（下文在描述现代德育理论发展历程与趋势的时候，主要聚焦于美国的道德教育理论。来自欧洲大陆的一些理论，例如英国的威尔逊（John Wilson）的道德教育理论，因为对中国当下的道德教育实践影响较小，所以不作介绍。）

其一，20 世纪 30 年代及以前。在美国早期历史上，在学校进行道德教育不是一个需要讨论的问题。典型的公立学校中通过阅读《圣经》、祷告、庆典等进行道德教育。19 世纪末，在公立学校中广泛采用的是一种长周期的道德教育形式，即"品格教育"。这种教育形式强调学生团队、课外活动及庆祝仪式，关注普遍道德价值，如诚实、自律、善良和忍耐。这种教育形式直到 20 世纪的前 30 年，一直都广受欢迎（AS-CD，1988）。

其二，20 世纪 40~50 年代。这个时期，美国人关心的是在军工技术上赶超苏联，担心培养不出足够多的科学家、工程师和数学家。这一时期，学校向学生灌输美国式的民主，反对共产主义。学校要求学生尊崇总统罗斯福、杜鲁门、艾森豪威尔，尊敬校长和老师。这时候的公立学校教育被视为有附带条件的礼物：谁能按上述要求去做，谁就可以留在学校；谁违反纪律，谁就被拒之门外。所以，与前一个时期类似，这时期的教师可以不带心理负担地向学生灌输是非善恶的标准，告诉学生何谓正确的生活方式（Bebeau，Rest & Narvaez，1999；Ingall，1998，p.12；Ryan，1986）。但是，在这个时期，道德教育显然不是学校工作的核心。

其三，20 世纪 60~70 年代。学生抗议、民权运动、反越战，这些都挑战了既有的国家权力结构和对美好生活的一般假设。新的反权威精神，削弱了教师的影响力。许多教师渐渐放弃了道德权威的角色，蜕变为一名"教书匠"。塑造年轻人性格和品德的职能开始淡化。面对这种状况，一些教师试图寻求新的、价值中立的方式。学术团体为他们找到了一些办法，如价值澄清、道德认知发展等。这个时期的德育方法有一些相同之处，如强调理性思考与选择的过程、强调教师在道德问题上不发表自己的观点（Bebeau，Rest & Narvaez，1999；Ryan，1986）。于是，在这个时期道德问题逐渐成了个人化的东西，不再是公众议题。任何道德上的限制，都可能被理解为是对个人自由的干涉，无可容忍。教师在道德问题上，以中立者的身份出现，而非仲裁者或道德权威。

其四，20 世纪 80 年代前期。文化重新被认定为是应当传递给年轻一代的人类文明成果。然而要传递文化，就必须向年轻人介绍其伦理原则和道德价值。换句话说，这个社会积累了一些有关文明生活方式的内容，学校教育应热衷于将它们传授给下一代。此时，虽然公众大力支持教师更加积极地进行道德教育，但许多教师却不知该如何去做了。于是，一些具有保守倾向的人士，开始重新发现 20 世纪初期及以前使用的品格教育。品格教育开始复兴，核心价值再度被重视起来。

（二）现代德育理论的发展趋势

通过上述介绍，我们可以发现 20 世纪道德教育理论的发展经历了两个阶段。第一个阶段，以价值澄清与道德认知发展阶段理论的出现和兴盛为标志。这两种理论都是强调个人在道德和价值问题上的自由。它们的兴盛，既是这种理论自身的成功，也反映出社会对这类理论的需求。第二个阶段，两种趋于传统和保守的道德教育理论开始登场。关怀教育脱胎于古老的宗教情怀和女性伦理，品格教育则是直接恢复到 20 世纪 30 年代以前的道德教育上去，强调古老的美德概念。这两个阶段的典型理论，特色十分明显。反映了现代教育发展过程中的自我反思和选择的结果。两个阶段的接替出现，反映了现代德育理论的发展趋势。

这两个阶段的转换，在形式上表现为一种"钟摆现象"或者"时髦主义"，似乎没有实质性的根据。而实际上，我们从这些理论的背景信息中，总是能找到特定的社会需求，作为理论的现实根据。我们甚至可以判断说，现代德育理论的更迭，一直是以社会需求的方向作为指针的。

道德教育理论家个人学术历程的转向，十分明显地表现出这种德育理论的转向。从中我们可以发现现代德育理论发展趋势的一些端倪。在 20 世纪后半期，一些最初致力于发展个人自由的道德教育专家，也会转向保守的方向，例如科尔伯格、柯申鲍姆都是如此。（参考《从"道德两难问题讨论"走向"公正团体法"》《从"价值澄清"走向"品格教育"》。）他们在年轻时代从事的道德两难问题讨论和价值澄清法，都是典型的"二战"后道德教育理论。在他们事业的巅峰期以后，他们又都开始转向保守，强调道德教育对集体意识或者社群观念的依赖。德育的重点，由个人自由转向社群精神，这种转向就是整个 20 世纪后半期德育理论的发展趋势。

从"道德两难问题讨论"走向"公正团体法"

……在 20 世纪 70 年代中期或 60 年代末期，当科尔伯格和其他研究者一起实验将道德两难讨论与学校的学术性课程联姻的策略时，科尔伯格就已经意识到，道德教育应考虑与处理"隐性课程"与"道德气氛"问题。1969 年，科尔伯格与同事一起访问了以色列的一个犹太人聚居区——萨沙集体农庄的学校，科尔伯格发现了集体农庄学校的道德教育是涂尔干式的，它强调团体的或集体的精神对道德发展的决定性作用。

这次研究性访问及以后对此所作的思考与探讨使科尔伯格对于"道德气氛"与"隐性课程"的概念有了感性与进一步的理性认识，并逐步形成了一个较为清晰的"团体"概念，从而使科尔伯格回头思考与改进以前在学校与监狱中从事的实验工作。科尔伯格在《认知发展理论与集体道德教育实践》（1971 年）一文中表述了他的观点与新思考。

起初，在科尔伯格从事监狱的"道德再教育"时，实验者让监狱中的部分女犯人认真地参与假设性道德两难问题的苏格拉底式讨论，取得了一定的效果。但是，科尔伯格很快发现，尽管这些犯人参加了讨论并引发了她们的道德思考，但是，她们却生活在监狱这一大环境中，在周围，狱警、同狱其他犯人以及监狱的气氛与规则都是影响参加讨论的女犯将其道德判断运用于道德行为的消极因素。科尔伯格由此认识到，假设的道德两难问题要与监狱真实的道德两难问题、监狱各方面的道德环境或道德气氛联系起来。这种考虑引导科尔伯格及其同事尝试去创造一个监狱的公正团体与道德气氛的实验，并将此与道德两难的讨论有机地结合起来。1972 年，科尔伯格等人发表了《监狱的公正结构：理论和干预实验》一文，报告与表述了他们的实验与思想。

　　新思想是从 1973 年开始筹划用于学校德育实践的，此后，在科尔伯格与他的新理论指导下，坎布里奇附属学校、布鲁克莱恩附属学校与施卡斯戴尔选择学校陆续创办、开展了"公正团体"与"参与性民主"的教育实验，道德教育的"公正团体法"或"道德教育的新柏拉图方法"也在这种实验与探索中逐渐发展与成熟起来。

【资料选自：柯尔伯格（2000，pp.338—373）。标题为编者所加。】

从"价值澄清"走向"品格教育"

　　"儿童和成人至少是通过三种方式来发展自己的信念与价值：灌输、榜样、个人选择或认可。所有这些方法都是必要的。年轻人应该接受相关成人的灌输，譬如家庭成员、教师以及各种社会团体的成员。年轻人应该看到那些正直而富有生活趣味的成人榜样。同时，年轻人也应该有机会被鼓励去自主思考，去过一种道德的、成功的、自己选择的生活。

　　"在这个我称之为'泛价值教育'的背景下，我们应该考虑价值澄清如何能够或如何不能够影响一个人对本民族价值的认同。我们假设，学生们将接受一门课程，意在灌输和培养对以色列这个国家的理解和热爱。这可以通过他们所读的文字，所听的故事，所接受的宗教训练，社会性、情感性的经验，成长过程中遇到的奖惩规则，所经历过的仪式和传统，以及许多其他的办法，来灌输对本民族遗产的深度认同。另外，我还假设，这些学生所接触到的都是好的榜样。例如在家庭、学校、教堂以及在媒介和公正生活当中，这些榜样都必须示范了积极可信、矢志不渝的国家观念。基于这些背景信息，我相信价值澄清的经验，可以帮助以色列青年挑选出所有面临的冲突。这些冲突是关于在这个备受困扰的国家里长大成人，一般来说，可以帮助青年人进行个人化的选择，留在国内对国家发展和个人发展作出贡献。

　　"那么我为什么会相信这一套呢？因为价值澄清是与一些普遍的价值一致的，并且实际上是支持这些价值的，包括尊重、责任、公平、自由、诚实、正直、尊严，等等。如果以色列的理念和实践最终反映了这些核心价值，那么使用价值澄清的过程只是能够帮助年轻人发现和认同这些价值。最后，我相信价值澄清过程，如果使用得当的话，可以帮助教学或者强化许多传统的道德价值。如果这些价值是我们要灌输和示范的，那么我们就无需担心价值澄清的过程。"

当天晚些时候，工作坊的一位参与者告诉我说："您知道，我们在以色列也开展了这样一个计划，与您的教育方法十分一致。"随后，他向我描述了这项计划。"他向我描述了这个年轻的项目，两万以色列犹太年轻人参与了进来：年轻人发现了在以色列长大意味着什么，以色列的生活压力、美国或者其他地方的诱惑，他们对去留的感受。许多活动和讨论是价值澄清活动，但是同时包含了爱国歌曲、故事、阅读，用来加深学生对以色列历史的热爱，包含了近来出现的独立和正面的角色榜样，他们是这个国家的中流砥柱。换句话说，这是一个综合价值教育计划，提供了灌输和榜样，同时也给青年人以诚实的、开放的讨论（例如，价值澄清），梳理自己所接受的灌输和榜样。

综合价值教育的结果如何？我的联络人说，通过问卷以及随后的调查，参与这项计划的年轻人与其他年轻人相比，都对留在国内而不选择出国表现出更高的认同。我对这个报告持有一些疑虑，因为我无法追溯和重读这项研究。我所有凭借的只是知情人的报告，据称这个计划的相关元素对参与者有重要意义和积极影响。

在任何例子当中，我都认为基本假设是对的：当我们灌输或者示范正面价值的时候，当我们教授良好品格的时候，当我们给年轻人机会进行自我评估时，都增加了我们的品格教育取得成功的概率。如果我们直接地教或者直接地学，人们或多或少都能记得一部分。如果我们示范自己教的内容，人们记住的更多。但是，如果我们同样给他们时间来处理信息和赋予个人意义，他们将会记得更多、更久，对行为的影响也更为深远。价值教育必须是综合的，以便取得最佳效果。如果我们的目标是提升年轻人的良好品格，例如有关诚实、尊重、责任、关怀、公平、良好公民核心价值，那么我们应该欢迎所有的有助于达到这个目标的方法。

所以，可以说1982年我在以色列得到的经验，对我来说是个转折点。我意识到并且也承认价值澄清犯了一个致命的错误。这个错误就是，以理所当然的态度，缩小甚至打击正面价值、美好品格教学的重要性。我发现，价值澄清自身进行价值和品格教育是不完全的，但是它可能成为综合价值教育中的重要元素。

【资料选自：Kirschenbaum（2000）。标题为编者所加。】

二、中国道德教育的发展历程与选择

对中国道德教育政策的发展变化，已经有了不少的文件汇编或介绍，如课程教材研究所（2001）、陈桂生（2006）、吴慧珠（2006）等。下文在介绍中国道德教育的发展历程时，主要借助国内外道德教育研究者的介绍与反思，回顾新中国道德教育实践中几个特色明晰的发展阶段。

（一）中国道德教育的发展历程

1 道德教育与政治教育融合

早在20世纪70年代，就有西方学者对中国道德教育，作过类似的观察，认为中国道德教育包括四个方面：无产阶级趣味、听毛主席和党的话、争做好公民以便进一步革命、为了伟大目标快乐和勤奋地工作。当时中国的道德教育，挑选品格特征的标准是政治。政治和教育是交织在一起的。好人就是拥有正确政治立场的人。公开强调政治和道德的关联（Connell，1975）。威尔逊（Wilson，1968）在一篇文章中提到，中国的年轻人所接受的更像是政治灌输而不是教育。直至20世纪90年代中期，也仍然有学者把中国的政治教育和道德教育混用。例如，里德（Reed，1995）在介绍中国的榜样法时，就是将政治教育和道德教育等同。

2 道德教育与政治教育分离

中国的政治和意识形态取向的变化，使得道德教育正在发生明显的转变，道德教育逐渐脱离与政治的关联，转而强调个人的道德品质以及作为一个好人所需要的其他品质，例如心理健康等（Lee & Ho，2005）。

这个概括，实际上也代表了中国当代道德教育研究者，希望在国际上建立的一种中国道德教育的形象。例如，鲁洁、高德胜（Lu & Gao，

2004）分析了小学道德教育课程中存在的一些问题，包括道德教育脱离儿童生活、道德灌输的教学方法、对意识形态过分强调，等等。按照他们的总结，当前小学道德教育课程改革的趋势是以终身道德教育为理论基础，将儿童的道德发展与生命发展联系起来，将他们日常生活中的事情作为教科书材料。一些新的观念被融入教科书之中，例如换位思考、生态性地相互依存、双赢对话、分享和多样性等。又例如，朱小曼（Zhu, 2006）介绍了中国此次课程改革，认为在道德教育方面第一次从课程功能的完整性、一致性的角度来定义道德和价值教育，形成一种基于完整、统合的课程功能的角度去理解的道德和价值教育概念。学校道德和价值教育的空间扩大了，包括教学结构也发生了改变，各个学科都在强调道德、价值的教育目标。在这些介绍当中，道德教育与政治的融合，被作为过往道德教育中有待克服的问题。在中小学现有的道德教育课程改革实践中，都愿意强调道德教育自身的专业化。

🛒🏠(二) 中国道德教育面临的选择

新中国成立以后，中国长期受到苏联德育理论的影响。一方面，一度引进苏联的教育模式，这种影响自不待言。另一方面，同为社会主义国家的国体性质，无疑也会让两国的道德教育带有许多相似性。实际上，在 2005 年《道德教育杂志》（*Journal of Moral Education*），就曾出专号（第 34 卷第 4 期），介绍那些曾经是或者仍然是社会主义阵营国家的道德教育，包括苏联、中国、古巴、越南、匈牙利、柬埔寨等。这种编辑思路，可能就是以意识形态类型作为道德教育实践类型的分类标准。换句话说，是假设社会主义阵营国家的道德教育，具有相当程度的相似性或者具有可比性。

改革开放以后，西方世界的一些道德教育理论陆续被介绍到中国来，并且是以学习而非批判的姿态来介绍。以我的目力所及，国内早在20 世纪 80 年代初期，就开始译介这些理论，如李伯黍（1981）、魏贤超（1984）等。时至今日，在一些重要的教育期刊中，这些理论仍占有一席之地。四种理论流派的一些主要作品，也逐步被翻译到大陆，如柯尔伯格（1981/2000）、柯尔伯格（1984/2004）、拉思斯（1966/2003）、诺丁斯（1992/2003）、里克纳（1991/2001a，2001b）等。

近年来，中国德育理论建设取得了许多成果，概念创新十分踊跃，如生活德育、情感德育、主体性德育、生态德育、整体德育等。这些成为今后中国道德教育发展的可能形态。如果说苏联教育理论与西方教育理论，构成了两种对中国道德教育影响至深的外来理论，那么今天中国道德教育面临的选择，在某种程度上也可以理解为对不同外来理论的选择。

三、现代道德教育的困境

可以认为，国际上道德教育理论的发展趋势，是对现代道德教育发展过程中遇到的种种困境的反应。理解这种困境，可以从道德自身的要素出发，也可以从整个现代社会的特点出发。

从道德要素的角度来说，现代道德教育的困境，根源于不同道德要素之间的张力。道德本身是复杂的，包含了对人的不同要求，即道德的要素。具体来说，道德要求一方面会对人的行为进行约束和规范，另一方面又要求人能够有道德上的自主。前者是要求人具备服从精神，后者是要求人具备独立精神。可见，这两个道德要素虽然同样必要，但相互反对，构成道德要素之间的一股张力。如果一种道德教育理论、一个国家的道德教育活动，没有在这两个要求之间进行明确、有意识地选择，那么"服从—独立"这对矛盾就有可能表现在实践活动中。这是理解现代道德教育困境的角度之一。这样，一种克服道德教育的困境的办法，是在道德教育过程中兼顾两种相互反对的道德要素，既强调服从精神，又关注独立精神。

除此之外，一个更具意义感的理解道德教育困境的角度，是将道德教育放到具体的社会背景中去。将道德教育遇到的困境，理解为整个现代社会发展困境的反映。加拿大道德哲学家查尔斯·泰勒（Charles Taylor）曾对现代性作出反思，提出了三个隐忧的概念。它们分别是意义的丧失、工具理性的猖獗和自由的丧失（Taylor，1991／2001）。他的洞见，把现代文明的主要成就都颠覆过来，告诉我们，现代人沾沾自喜的东西，原来如此危险。譬如，个人自由无疑是现代文明的一大成就。我们因而可以选择生活方式、选择信仰。个人不再被固定在特定的社会阶层，而有机会参与社会流动。但是，查尔斯·泰勒提醒我们，个人自由让我们只关注个人，从而失去广阔的视野，剥夺了我们从广阔背景上判断个人行动意义感的机会。又譬如，工具理性无疑也是现代文明的另一大成就。既然我们有了个人自由，那么一切就由我做主吧。一切的行动，都是为了追求个人福祉。于是，一切都可以拿来评估，任何时候都在追求利益最大化。这成了现代人最基本的理性思考方式。这种工具理性，解放了人的主动性，同时也以最佳方案的面目重新控制了人。结果，现代人中多的是一些不讲求卓越的庸人，因为追求卓越是一种最不计成本的生活方式。

查尔斯·泰勒的这些洞见，是对整个现代社会的描述。作为现代社会中的一部分，现代教育的一些病症几乎与此合丝入扣。学生接受教育，不再是为了个人精神的丰满，而是为了经济生活的舒适；教师从事教育，不再是为了塑造美好心灵，而是为了一系列数量评估过程的胜出。苏联电影《乡村女教师》中的瓦尔瓦拉，曾对孩子们说："孩子们，让我来，让我来祝贺你们能来上学，从今天起你们已经不再是普通的孩子了，是学生。"这种对学习和教育的热爱，在现代社会也难觅踪迹。有的只是《罗密欧与朱丽叶》中的那个比方："赴情人约会，像学童抛开书本一样；和情人分别，像学童板着脸上学堂。"这些现象，展示了教育的"现代病"与现代性的莫大关联。具体到道德教育领域，则现代道德教育的困境，就可以理解为现代社会自身的发展困境，在道德教育领域的具体表现。这样，克服道德教育的困境，就不能只是着眼于道德教育自身，而应该有更高的目标定位。把社会价值系统的塑造作为目标指向。

现代性的三个隐忧

一、意义丧失、道德视野褪色

忧虑的第一个来源是个人主义……我们从较古老的道德视野中挣脱出来才赢得现代自由。人们过去常常把自己看成一个较大秩序的一部分。在某种情况下，这是一个宇宙秩序，一个"伟大的存在之链"，人类在自己的位置上与天使、天体和我们的世人同侪共舞。宇宙中的这种等级秩序曾反映在人类社会的等级结构中。人们过去总是被禁锢锁在给定的地方，一个正好属于他们的、几乎无法想象可以偏离的角色和处所。借助于怀疑这些秩序，现代自由得以产生。

但是，这些秩序在限制我们的同时，也赋予世界和社会生活的行为以意义。我们周围的事物不仅仅是我们计划的潜在原材料或工具，这些事物在存在之链中的地位本身也是有意义的。鹰不再只是一只鸟，它也是整个动物生活领域之王。同样，社会的礼仪和规范并不限于工具性的意义。对这些秩序的怀疑被称为世界的"去幻"。有了去幻，事物就失去了自己的一些幻象……

人们反复表达的一个忧虑是，个人除了失去了其行为中的更大社会和宇宙视野外，还失去了某种重要的东西。有人把这表达为生命的英雄维度的失落。人们不再有更高的目标感，不再感觉到有某种值得以死相趋的东西。

二、工具主义理性猖獗、目的晦暗

毋庸置疑，将旧秩序扫荡一空已经极大地拓宽了工具主义理性的范围。一旦社会不再有一个神圣机构，一旦社会安排和行为模式不再立足于事物的秩序或上帝的意志，这些社会安排和行为模式在某种意义上就可以嬗变由人。我们可以重新设计它们，我们的目的是让它们产生个人的福祉安康。因此管用的尺度就是工具理性主义的尺度。与之相似，一旦我们周围的创造物失去了它们在存在之链中获得地位的意义，它们就容易被当做我们计划的原材料或工具。

一方面，这种变化是解放。但也带来一种广泛的不安：工具主义理性不仅已经扩展了它的范围，而且也有控制我们生活的威胁。令人害怕的是，应该由其他标准来确定的事情，却要按照效益或"代价—效益"分析来决定；应该规导我们生活的那些独立目的，却要被产出最大化的要求所遮蔽。人们可以指出许许多多实实在在体现这种忧虑的事情：例如，经济增长的要求用来为非常不平等的财富和收入分配辩护，同样的要求使得我们对环境的需要，甚至对潜在的灾难无动于衷。

三、自由丧失

围绕工具主义理性建造的社会既给个人的自由也给群体的自由带来极大损失——因为我们的社会决策不仅仅是由这些力量形成的。一种与工具主义理性格格不入的个人生活方式是难以维持的。例如，某些现代城市的通盘设计使得人们离不开小汽车，特别是在削弱了公共交通而利于私人汽车的地方。

但是，还有另一种自由的丧失也被广泛地讨论，最难忘的是亚列克西斯·德·托克维尔的讨论。在一个社会里，如果人民最终成为那种"封闭在自己的心中"的个人，那么几乎没有人愿意主动地参与自我管理。他们将宁愿留在家里享受私人生活的满足，只要当时的政府生产这些满足的手段和广泛地分配这些手段。

这就为一种新的、形势特别的现代专制主义的危险敞开了大门，托克维尔称这种专制主义为"温和的"专制主义。它不是旧时代那种恐怖和压迫的暴政。政府是温和的和家长式的。它甚至可以保持民主的形式，有定期的选举。但事实上，一切都要靠一个"巨大的监护权力"来驱动，而人们将无法控制该权力。托克维尔认为，对此唯一的防御物是一个充满活力的政治文化，在这种文化里，人们既看重参与各级政府，也看重参与志愿团体。但是，自我关注的个人利益至上主义对这种文化产生了不利影响。一旦参与行为衰减了，一旦曾作为媒介的横向联合团体萎缩了，个体公民就会独自面对巨大的官僚国家，正确地讲，就会感到无能为力。这使得公民变得更加消极，并形成了温和专制主义的恶性循环。

【资料选自：泰勒（1991／2001，pp.2—12）。标题为编者所加。】

中国道德教育的发展历程，表现出一种十分明显的后发特点。国外德育的理论和经验，也经常被用来作为同类观点的强有力证据支撑。同时，新中国成立后道德教育的发展历程，为当前德育的发展提供了独特的实践背景。这两个特点，结合在一起，共同影响当前中国道德教育的选择。

从理论后发的角度来看，中国的道德教育并没有经过强调个体道德自由的发展阶段，在国外轰轰烈烈地搞价值澄清、研究道德认知发展阶段理论的时候，中国的道德教育正是政治化色彩最浓的时期。所以，按照理论后发的特点，中国现代的道德教育也许应该补上这一课。另外，按照对中国过往道德教育实践的反思，既然过去太强调无条件的政治服从，那么现代中国的道德教育似乎也应该强调个人的选择和判断吧。中国道德教育的独特背景，与理论后发特点所得到的判断结果一致，都认为今日中国的道德教育应该强调个人选择。并且，这两个角度在许多时候被用来作循环论证：基于中国道德教育的实践背景，论证学习国外先进道德教育理论的必要性；根据国外先进道德教育理论的观点，规划中国道德教育的发展方向。

如果将国际道德教育领域的发展历程、中国道德教育发展所面临的选择，与查尔斯·泰勒对整个现代社会的反思联系起来，我们不难得到这样的见识：应当把道德教育的变化和面临的选择，理解为时代精神在教育领域的一种反映。我们正是以这种思路来思考现代道德教育所面临的困境。

（一）现代道德教育困境的核心

在工业革命期间，西方社会使用自己强大的技术力量从世界各地攫取自然资源，创造了利润空间。当时，生态系统更多地被理解为自然资源。虽然对生态系统的破坏，使得人们承受痛苦，但是看起来总是有新的土地可供剥削和开发。今天，世界的总体状况已经发生了变化。这种扩张型的利润空间，不复存在：再也没有未经开发的土地供我们移居，几乎所有的生态系统都开始遭受破坏，因此我们也不再有条件继续那种肆无忌惮的实验式生活态度。很容易理解，这种态度在现代社会出现以来就占据绝对优势。虽然看来我们仍然很富足，但是环境不再能够长期供给这种恣意的消费。在自由意识、现代意识指导下的道德教育推进得越多，生态系统所遇到的危险越大（Bowers，1995，p. 38）。因为这种道德教育是在强化一种无法维系的生活态度。这种判断将指引我们在困扰面前作出选择。

虽然道德原则可能是一般化的，但是道德总是服务于一定的社群，用来协调社群中主体之间的关系，包含人与自然之间的关系。社群总是先于个人选择而存在的，例如大多数中国人就没有办法选择过美国式的生活。所以个人对社群中道德规则的服从是无条件的。虽然说个人在道德问题上具有判断和自主选择的空间，但是当我们具体考虑自己的社群属性时，我们就发现自己在许多问题上，已经面临了许多既定的道德规定。等待我们的是服从，而不是思考和选择。这种个人自由与社群精神之间的冲突，正是现代道德教育困境的核心。

（二）现代道德教育难题的症结

查尔斯·泰勒所概括的现代性，倡导的是一种未经长期检验的生活方式。我们所有的观点，只是对现代性的一种盲目偏爱。根据这种偏见，现代和进步的文化是确保当下美好生活的唯一知识，是控制将来的唯一知识。存在了数千年的前现代文化，与现代生活无关。因此，就出现了一系列二元的对立：现代文化，被认为优于传统文化；基于文字的文明，被认为优于基于口头的文明；个人中心的理性思考，被认为优于跨越代际的集体智力（Bowers，1995，p. 26）。

这些二元对立，构成了现代道德教育困境的社会根源。由此带来的现代道德教育的困境，核心是个人自由与社群精神的冲突。其中，强调个人自由的道德教育与强调社群精神的道德教育，所强调的侧重点，可能十分不同。在这方面，我们可以找到许多值得对比的观念，例如：塑造行为—塑造品格、控制—谦卑、二元——一元、机械—有机、专门—整体、工具主义—整体主义、标准化—多样性、权利—责任、竞争—合作、考虑背景信息—不考虑背景信息，等等。对某一方面的过分强调，就可能就意味着对另一方的削弱。这种一头大的状况，是现代道德教育各种具体问题的主要症结。略举一例来说，讨论了多年的德育实效性低的问题，就可以理解为这个症结的具体表现。实效性强调道德学习者在所生活的社区有相应的道德行为表现。也就是说，这本质上是一种追求社群精神的道德教育诉求。在强调个人自由的道德教育传统中、在社群精神的传统破坏殆尽的道德教育体系中，实效性低下几乎是可以预见的。

总的来说，道德教育各种难题的症结，是上述道德教育困境在教育实践领域的具体表现。道德教育者面临的境地，可能就是持续不断地面临选择。这种选择，是根据对社会的总体判断，选择当下社会所需要的道德教育倾向。这种境地，将不再是一种一劳永逸式的探求万世不易的最佳道德教育方式，而是根据自己社会当下的特点，不断回到历史长河中去寻找适用于今天的教育历史遗产。

第二章
生态道德教育的产生

提　要

- 生态道德教育，不仅指向教育活动自身的革新，更指向了更广泛意义上的现代社会问题的价值根源。
- 生态道德教育在内容主题上，是对环境教育、可持续发展教育的继承。
- 与传统的道德教育、环境教育、可持续发展教育相比，生态道德教育具有自己的理论与实践特色。

　　道德教育的困境反映了现代社会发展的潜在危机。生态道德教育作为道德教育的一种独特教育形式，不仅指向教育活动自身的革新，更是指向了更广泛意义上的现代社会问题的价值根源。可以说，正是现代社会的潜在危机，对教育革新提出了要求，同时为生态道德教育提供了必要性依据。这种更广大的意义背景，是本章理解生态道德教育理论地位的路径。我们试图从环境教育、可持续发展教育的发展历程中，发现一些端倪。

一、生态教育的发展历程

　　"生态教育"与"环境教育"这两个概念，常常被等同起来，有时甚至直接以"生态环境教育"来指称相关的教育活动。正因如此，下文在介绍生态教育的发展历程时，将主要结合环境教育的发展历程来介绍。在进入发展历程的介绍之前，首先对"生态教育"与"环境教育"这对概念的关系略作探讨，以说明这种做法的根据。

　　从"环境"一词的角度来说，"环境"并不仅仅指自然环境，还可能包含社会环境等；对环境也可以有不同的认识，例如机械的或者有机的观点；从"生态"一词的角度来说，恩斯特·海克尔（Ernst Haeckel）最初创立的生态学只是对"有机体与其环境的关系"的研究（Bramwell，1989，p.40），并没有今天的"生态系统"的概念。可以说，无论是"环境"还是"生态"，都是不断丰富、不断发展的概念。所以，在我们把生态教育与环境教育联系起来看时，还应该努力弄明白当前用法的前缘。

我认为，"生态教育"与"环境教育"在用法上的等同，暗示了一种特定的环境观。这种环境观，使用生态系统的生态观来理解人类所寄居的自然环境。认为人所生活的环境，其中的各种因素相互联系，具有系统性。我们已经知道，在生态观念之外，还可能采取其他认识环境的方式。但是，生态观被认为是现代环境教育的最佳选择（汪静明，2003）。在我们把生态教育与环境教育等量齐观时，应该意识到我们已经进行了一次选择。根据这种选择，当前的生态教育就可以表述为，采取了系统环境观的环境教育。并且，既然系统观与可持续发展观是密切联系的，当前的生态教育与可持续发展教育的关系也就不言而喻了。

（一）国际环境教育、可持续发展教育的发展历程

现代意义上的环境教育，以20世纪70年代以后，由联合国主持或参与主持的一系列以人类与环境为主题的大会为里程碑。

1 环境教育的产生与发展

1972年6月5日，联合国在瑞典首都斯德哥尔摩召开了世界上第一次人类环境会议，共同讨论人类面临的环境问题。当月16日，大会第21次全体会议通过了《联合国人类环境会议宣言》，简称《人类环境宣言》或《斯德哥尔摩宣言》。该宣言向当时世界上40多亿人发出了郑重告诫："如果人类继续增殖人口、掠夺式地开发自然资源、肆意污染和破坏环境，人类赖以生存的地球，必将出现资源匮乏、污染泛滥、生态破坏的灾难。"《宣言》呼吁各国政府和人民，为保护和改善人类环境、造福全体人民、造福后代而共同努力。根据这次会议的建议，同年召开的第27届联合国大会，规定每年的6月5日为"世界环境日"。《联合国人类环境会议宣言》，是人类历史上关于环境保护的第一个全球

性宣言，标志着人类采取共同行动保护地球环境的起步。

　　1975 年 10 月 13 日至 22 日，联合国环境署和联合国教科文组织在原南斯拉夫首都贝尔格莱德共同主持召开了"国际环境教育研讨会"，又称"贝尔格莱德会议"。该会议原本是 1977 年在苏联第比利斯召开的"政府间环境教育会议"的准备会。但是，遵照会议参加者的意向，会上制定了《贝尔格莱德宪章：环境教育全球框架》。该《宪章》由六个部分组成，包括：环境状况、环境目的、环境教育目的、环境教育目标、环境教育对象和环境教育指导原则。在国际环境教育史上，该宪章首次提出了全球规模的环境教育的基本理念和框架，并达成了共识。在这份《宪章》当中，环境教育的总目标被界定为：培养全人类了解与关切人类环境及相关问题，教会人们相关的知识、技能、态度、动机和责任以解决当前环境问题、预防将来的环境问题。同时，在这份《宪章》中，环境教育的受教育对象，由正式学校教育系统，进一步扩展到一般民众。

　　1977 年 10 月 14 日至 26 日，由联合国教科文组织主办、联合国环境署协办，在苏联的第比利斯共同主持召开了世界上首次"政府间环境教育会议"。与会者进一步修改和完善了《斯德哥尔摩宣言》和《贝尔格莱德宪章》中提出的概念和框架，提出了新的环境教育的目的、目标、性质以及实施原则，最终通过《第比利斯宣言》。这份《宣言》成为当代环境教育历史上的又一里程碑，为此后各国环境教育者提供了一个国际纲领性文件，并且为各国和地区的环境教育实践提供了具体的指导。

第比利斯宣言

　　在第比利斯市由联合国教科文组织和联合国环境规划署共同组织召开政府间环境教育会议，在达成和谐一致的前提下，庄严通过下列宣言。

　　在过去的几十年里，人类运用其改变环境的能力，加速了自然平衡的变化，结果导致许多物种面临种种危险，出现不可逆的变化。

　　1972 年联合国人类环境大会在斯德哥尔摩市举行。该大会的宣言指出："为现代人和子孙保护和改善环境，已成为人类的一个迫切目标。"这项事业急需新的策略，须与发展相结合——尤其在发展中国家，发展是保护和改善环境的前提。在国际关系中，团结和平等应是一种新的国际秩序的基础，同时应尽快地聚集各种可利用资源。利用科技新发现而开展的教育，在促进人们认识并更好地理解环境问题方面应发挥主要作用。教育必须培养人们对待环境和利用国家资源方面的正确态度。

环境教育应面向各个层次的所有年龄的人，并应包括正规教育和非正规教育。大众媒介必须担负起重要责任，为实现这一教育使命提供巨大的资源。环境专家和那些行动和决策对环境有显著影响的人在接受培训的过程中，应掌握这方面的必要技能，充分认识他们的职责。

环境教育应是一种全面的终身教育，能够对这一瞬息万变的世界中出现的各种变化作出反应。环境教育应该促使人们理解当今世界的主要问题，使他们获得必要的技能和品德，为改善生活发挥积极的作用，在充分尊重道德价值观念的基础上保护好环境，为生活作好准备。环境教育应在广泛的跨学科的基础上，采取一种整体性的观念和全面性的观点，认识到自然环境和人工环境是深深地相互依赖的。环境教育有助于揭示今天的行为与未来的结果之间有着永久性的联系。它证明各国共同体之间相互依存，因此全人类应紧密团结。

环境教育必须面向社会。它应促使个人在特定的现实环境中积极参与问题解决的过程，鼓励主动精神、责任感和为建设更美好的明天而奋斗。环境教育本身也能为教育过程的更新作出重要贡献。

为了实现上述目标，尽管人们已经作出了很大努力，环境教育仍需要采取一系列特别措施，以克服目前我们的教育制度中一直存在的种种缺陷。

因此，第比利斯会议：

• 呼吁各成员国在上述目的和特点的基础上，制定有关教育的政策，将环境教育的主张、活动和内容引入它们的教育制度中去；

• 恳请教育当局促进和加强对环境教育的思考、研究和革新；

• 敦促各成员国加强这一领域的合作，尤其是要加强工作经验、研究发现和文献资料的相互交流，促使自己的培训设施向别国的教师和专家开放；

· 最后呼吁国际社会大力支持环境教育，以加强在这样一个领域的合作：它象征着各民族团结的需要，并对促进国际间的相互理解和和平事业具有积极的作用。

环境教育的目的包括：

· 增进人们对环境问题的意识与关注，明白无论城乡，其政治、经济、社会和生态方面都是相互依赖的；

· 为每一个人提供机会，使其获得保护与发展环境的知识、技能和态度；

· 培养个体、群体乃至整个社会，形成一种更为健康环保的生活行为方式。

环境教育的目标包括：

· 意识：帮助社会群体与个人获取关于整个环境及其相关问题的意识与敏感性；

· 知识：帮助社会群体与个人获取与环境及环境问题相关的直接经验与基本知识；

· 态度：帮助社会群体与个人获取针对环境的一系列价值与关注环境的感情，培养积极参与保护和改善环境的态度；

· 技能：帮助社会群体与个人发现、解决环境问题的技能；

· 参与和行动：帮助社会群体与个人获取在不同层面积极参与解决环境问题的机会。

【资料选自：UNESCO（1977，pp.24—27）。】

② 从环境教育到可持续发展教育

1980 年 3 月 5 日，世界自然保护联盟发布了《世界保护战略》。这是一项保护世界生物资源的纲领性文件。目的在于使广大公众认识到人类在谋求经济发展和享受自然财富的过程中，自然资源和生态系统的支持能力是有限的，必须考虑到子孙后代的需要。如其说开发的目的是为取得社会和经济福利，那么保护的目的则是保证地球能够永续开发利用并支持所有生物生存的能力。《战略》总目标是通过保护生物资源而有助于尽快达到自然资源永续开发利用。具体目标有三个：其一，保持基本的生态过程和生命维持系统；其二，保存遗传的多样性；其三，保证物种和生态系统的永续利用。

1992 年 6 月 3 日至 14 日，在巴西里约热内卢举行了"联合国环境与发展大会"。大会回顾了第一次人类环境会议以来全球环境保护的历程，通过了《关于环境与发展的里约热内卢宣言》又称《地球宪章》。该《宣言》重申了 1972 年在斯德哥尔摩通过的《人类环境宣言》，并力求在其基础上再提高一步。《宣言》力图在各国、在社会各关键部门和在人民之间创造新的合作水平，从而建立一种新的、公平的全球伙伴关系的目标，致力于达成既尊重所有各方的利益又能保护全球环境与发展体系完整性的国际协定，认识到我们地球家园的整体相互依存的性质。随后，《宣言》提供了 27 项原则。

大会还通过了《21 世纪行动议程》。这是一个在全球、各地区和各国范围内实现可持续发展的行动纲领，指导人们以何种行动方式进入21 世纪。其中，第 36 章"提高环境意识"中指出："目前对人类活动和环境的内在联系的意识仍然相当缺乏，提议开展一个全球教育活动，以加强环境无害的和支持可持续发展的态度、价值观念和行动。"明确提出："从小学学龄到成年都接受环境与发展的教育"措施。为此，大会"授权国际环境教育计划调整到可持续发展的方向"，"在世界范围内开展环境教育以求得持续发展"。从此环境教育成为可持续发展教育的一部分，由原来帮助人们正确认识环境、掌握解决环境问题的知识和技术，向促进人们树立可持续发展教育观念、提高有效参与与环境保护的技能这个方向转变。

与第一次"人类与环境会议"相比，里约热内卢举行的"联合国环境与发展大会"不仅加深了人们对环境问题的认识，而且把环境问题与经济、社会发展结合起来，树立了环境与发展相互协调的观点，找到了在发展中解决环境问题的正确道路，即被普遍接受的"可持续发展"战略。

里约环境与发展宣言

原则 1：人类处于普受关注的可持续发展问题的中心。他们应享有以与自然相和谐的方式过健康而富有生产成果的生活的权利。

原则2：根据《联合国宪章》和国际法原则，各国拥有按照其本国的环境与发展政策开发本国自然资源的主权权利，并负有确保在其管辖范围内或在其控制下的活动不致损害其他国家或在各国营辖范围以外地区的环境的责任。

原则3：为了公平地满足今世后代在发展与环境方面的需要，求取发展的权利必须实现。

原则4：为了实现可持续发展，环境保护工作应是发展进程的一个整体组成部分，不能脱离这一进程来考虑。

原则5：为了缩短世界上大多数人生活水平上的差距，和更好地满足他们的需要，所有国家和所有人都应在根除贫穷这一基本任务上进行合作，这是实现可持续发展的一项不可或缺的条件。

原则6：发展中国家、特别是最不发达国家和在环境方面最易受伤害的发展中国家的特殊情况和需要应受到优先考虑。环境与发展领域的国际行动也应当着眼于所有国家的利益和需要。

原则7：各国应本着全球伙伴精神，为保存、保护和恢复地球生态系统的健康和完整进行合作。鉴于导致全球环境退化的各种不同因素，各国负有共同的但是又有差别的责任。发达国家承认，鉴于它们的社会给全球环境带来的压力，以及它们所掌握的技术和财力资源，它们在追求可持续发展的国际努力中负有责任。

原则8：为了实现可持续发展，使所有人都享有较高的生活品质，各国应当减少和消除不能持续的生产和消费方式，并且推行适当的人口政策。

原则9：各国应当合作加强本国能力的建设，以实现可持续发展，做法是通过开展科学和技术知识的交流来提高科学认识，并增强各种技术——包括新技术和革新性技术的开发、适应修改、传播和转让。

原则10：环境问题最好是在全体市民的参与下，在各个级别上加以处理。在国家一级，每一个人都应能适当地获得公共当局所持有的关于环境的资料，包括关于在其社区内的危险物质和活动的资料，并应有机会参与各项决策进程。各国应通过广泛提供资料来鼓励公众认识和参与。应让人人都能有效地使用司法和行政程序，包括补偿和补救程序。

原则11：各国制定有效的环境立法。环境标准、管理目标和优先次序应该反映它们适用的环境与发展范畴。一些国家所实施的标准对别的国家特别是发展中国家可能是不适当的，也许会使它们承担不必要的经济和社会代价。

原则12：为了更好地处理环境退化问题，各国应该合作促进一个支持性和开放的国际经济制度，这个制度将会导致所有国家实现经济成长和可持续的发展。为环境目的而采取的贸易政策措施不应该成为国际贸易中的一种任意或无理歧视的手段或是伪装的限制。应该避免在进口国管辖范围以外单方面采取对付环境挑战的行动。解决跨越国界或全球性环境问题的环境措施应尽可能以国际协商一致为基础。

原则13：各国应制定关于污染和其他环境损害的责任和赔偿受害者的国家法律。各国还应迅速并且更坚决地进行合作，进一步制定关于在其管辖或控制范围内的活动对在其管辖外地区造成环境损害不利影响的责任和赔偿的国际法律。

原则14：各国应有效合作阻碍或防止任何造成环境严重退化或证实有害人类健康的活动和物质迁移、转让到他国。

原则15：为了保护环境，各国应按照本国的能力，广泛适用预防措施。遇有严重或不可逆转损害的威胁时，不得以缺乏科学充分确实证据为理由，延迟采取符合成本效益的措施防止环境恶化。

原则16：考虑到污染者原则上应承担污染费用的观点，国家当局应该努力促使内部负担环境费用，并且适当地照顾到公众利益，而不歪曲国际贸易和投资。

原则17：对于拟议中可能对环境产生重大不利影响的活动，应进行环境影响评价，作为一项国家手段，并应由国家主管当局作出决定。

原则18：各国应将可能对他国家环境产生突发的有害影响的任何自然灾害或其他紧急情况立即通知这些国家。国际社会应尽力帮助受灾国家。

原则19：各国应将可能具有重大不利跨越国界的环境影响的活动向可能受到影响的国家预先和及时地提供通知和有关资料，并应在早期阶段诚意地同这些国家进行磋商。

原则20：妇女在环境管理和发展方面具有重大作用。因此，她们充分参加对实现持久发展至关重要。

原则21：应调动世界青年的创造性、理想和勇气，培养全球伙伴精神。以期实现持久发展和保证人人有一个更好的将来。

原则 22：土著居民及其社区和其他地方社区由于他们的知识和传统习惯，在环境管理和发展方面具有重大作用。各国应承认和适当支持他们的特点、文化和利益，并使他们能有效地参加实现持久的发展。

原则 23：受压迫、统治和占领的人民，其环境和自然资源应予保护。

原则 24：战争定然破坏持久发展。因此各国应遵守国际法关于在武装冲突期间保护环境的规定，并按必要情况合作促进其进一步发展。

原则 25：和平、发展和保护环境是互相依存和不可分割的。

原则 26：各国应和平地按照《联合国宪章》采取适当方法解决其一切的环境争端。

原则 27：各国和人民应诚意地一本伙伴精神合作实现本宣言所体现的各项原则，并促进持久发展方面国际法进一步的发展。

【资料选自：UNESCO（1992）。】

为配合《地球宪章》及后来联合国系列会议提出的可持续发展行动理念，联合国教科文组织于 1994 年启动了"环境、人口与可持续发展项目"。这是联合国教科文组织为实现《21 世纪行动议程》目标而参与的核心部分。该项目强调的宗旨在于探寻建立各种各样的合作模式以增进公众的可持续发展意识并提供对应的培训。

1997 年 12 月 8 日至 12 日，联合国教科文组织和希腊政府于希腊的萨洛尼卡召开环境与社会大会。大会通过了《萨洛尼卡宣言》，再次重申"为了获得可持续性，需要社会重要部门之间广泛的合作和各种努力的整合，需要行为与生活方式包括消费与生产模式的快速、剧烈变革。为此，适当的教育和公众意识，应该与立法、经济和技术一道，被认为是可持续能力的支柱"。该《宣言》"将教育整体上重新定位于指向可持续性"。这里的"可持续性不仅包括环境，而且包含贫穷、人口、健康、食品安全、民主、人权与和平。在最深入的层次，可持续性是一种道德和伦理命令，同时也应该尊重文化多样性和传统知识"。本次会议确定了"可持续性教育"的理念，并标志着环境教育已不再是仅仅对应环境问题的教育，而是与和平、发展及人口等教育相结合。

2002 年 12 月，联合国第 57 届大会通过了第 254 号决议，将 2005 年至 2014 年确定为"可持续发展教育十年"。指定联合国教科文组织领导"可持续发展教育十年"活动的开展并组织制订"联合国教育促进可持续发展十年国际实施计划",要求世界各国政府在这十年中将可持续发展教育融入他们国家各个相关层次的教育战略和行动计划中。"可持续发展教育十年"的总体目标是,把可持续发展观念贯穿到学习的各个方面,以改变人们的行为方式,建设一个全民的更加可持续发展和公正的社会。其具体目标包括:强调教育与学习在可持续发展中贯穿始终的关键作用;促进可持续发展教育相关单位的联系、沟通和互动;通过各种形式的学习和公众宣传,提供构建可持续发展思想和向可持续发展转变的空间和机会;不断提高可持续发展教育的教学和学习质量;制定各级加强"可持续发展教育"能力的战略。

2009 年 3 月 31 日至 4 月 2 日,联合国教科文组织在德国波恩召开了世界教育和可持续发展大会。大会通过了《波恩宣言》。《宣言》指出:"进入新世纪的头十年,世界仍面对实质性的、复杂而又相互联系的发展和生活方式方面的挑战与问题。这种挑战来自创造了我们现有不可持续的社会的价值。这些挑战相互联系,要解决这些问题需要强有力的政治责任感和坚决的行动。""教育应能够向人们提供进行可持续的生活、社会参与以及工作的价值、知识、技术与能力。""通过教育,我们可以实现这样的生活方式:生活方式的基础是经济与社会公正、食品安全、生态完整性、可持续的谋生方式以及尊重所有的生命形式。同时,通过教育也能实现促进社会融合、民主、集体行动的一系列价值。"

(二) 中国环境教育、可持续发展教育的发展历程

从 1973 年全国第一次环境保护会议开始,中国环境教育在近 40 年的时间里,经历了"环境保护—环境教育—可持续发展教育"的发展历程。其中,1973~1983 年,工作重点是政府主导的环境保护和宣传;直到 1983 年,政府提出了自上而下的环境教育政策,教育部门与环保部门才开始合作;1992 年,环境教育在基础教育中的地位进一步明确,并且被重新定义为可持续发展教育。对比中国环境教育、可持续发展教育与国际上的发展,可以发现二者在发展线索上几乎是平行的。

① 倡导环境保护，开始环境教育的探索

1972 年 6 月，中国参加了联合国在瑞典首都斯德哥尔摩召开的第一次人类环境会议，这"标志着中国开始关注环境问题"。可以说，中国对于环境问题的认识和关注，不仅仅是由于环境问题的凸显而引起的，更重要的原因是由于世界环境问题引起了世界各国的广泛重视。对中国来说环境保护是一种"舶来品"。

在这以后，我国先后制定了一些有关环境保护的文件，并开始逐步认识我国在国民建设中出现的环境问题。1978 年 12 月，中共中央批准了《环境保护工作汇报要点》，指出："普通中学和小学也要增加环境保护的教学内容"，第一次提出要在中小学加强环境保护的内容。此后，在国家制定的中小学有关学科的教学大纲和教材中，如小学自然、中学地理、生理等学科，开始写进环境保护的内容。

1979 年 11 月，中国环境科学委员会第一次会议在河北保定召开，会议确定了在国内部分省市进行中小学环境教育的试点工作，第一次将环境教育作为学校发展的一个内容。1980 年，中国环境科学出版社成立，环境教育的研究也逐渐有了自己的交流平台。可以说，直到 1983 年，相关部门的工作仍主要是倡导环境保护，环境教育还处在探索的起步阶段。

总之，在这个时期，中国初步形成了社会领域内的环境保护和宣传，设置了相应的政府职能部门，出台为了经济发展而重视环境保护的一系列文件，形成了独立的学术群体和相关的出版机构，但环境教育尚未在基础教育领域取得足够的重视，仅仅被视为环境保护知识的传授。

② 环境教育进入学校课程

这个阶段，在时间上是 1983～1992 年。十一届三中全会以来，中国的经济迅速发展，特别是工业发展对环境产生了巨大的影响，一些地方出现了水质污染、大气污染、土地退化等问题，人们开始意识到中国不能走发达国家的"先污染后治理的道路"。因此，在这一阶段，我国召开了两次全国环境保护会议，为这一阶段的环境保护工作确定了方向。其中，1983 年年底召开的第二次全国环境保护会议，将环境保护确定为中国的一项基本国策，并强调环境教育是发展环境保护事业的一

项基本工程，标志着中国环境教育已经进入了新的发展阶段。

在这一阶段教育部门和环保部门开始合作，共同开展中小学环境教育。1985 年，国家环保局、国家教委办公厅、中国环境科学学会在辽宁昌图召开"全国中小学环境教育经验交流及学术讨论会"，提出要提高对在中小学和幼儿园开展环境教育工作重要性的认识：环境和教育部门应通力合作；环境教育不宜单独设课；加强师资培养和培训；必须有一套实用的教学参考资料；抓好典型环境教育的例子，以点带面，逐步发展学校环境教育。

在基础教育阶段，环境教育也开始进入到国家课程中。1988 年，全国中小学教材审定委员会审查并通过了"九年义务教育各科教学大纲（初审稿）"，进一步明确了环境教育在学科教学中的渗透，例如强调了能源、环保、生态等教育要渗透在相关学科教学和课外活动中进行，还提出要在少数有条件的学校，实验单独设课或开设讲座进行环境教育。同时，有关学科教学大纲也提出了明确的要求。教育部开始正式在中小学教学计划中明确环境教育的内容。

总之，在这一阶段，国家开始了自上而下的推行环境教育，相继出台了很多针对中小学的法规和文件，特别是在这一阶段教育部门与环保部门开始了积极的合作，极大地促进了中小学环境教育的发展。

③ 由环境教育重新定向为可持续发展教育

这个阶段，在时间上是 1992～1996 年。1992 年的巴西里约会议，提出了可持续发展的战略。时任总理李鹏出席了大会并在大会上作了重要讲话，阐述了中国政府关于加强环境与发展领域国际合作的五点主张。分别是：经济发展必须与环境保护相协调；保护环境是全人类的共同任务，但发达国家负有更大的责任；加强国际合作要以尊重国家主权为基础；保护环境和发展离不开世界和平与稳定；处理环境问题应当兼顾各国现在的实际利益和世界的长远利益。

大会以后，我国开始编制《中国 21 世纪议程》，为政府各部门制定实施可持续发展战略的对策和具体措施。1994 年，国务院第 16 次常务会议讨论并通过了《中国 21 世纪议程：中国 21 世纪人口、环境与发展白皮书》，指出："加强对受教育者的可持续发展思想的灌输。在小学《自然》课程、中学《地理》等课程中纳入资源、生态、环境和可持续发展的内容。"这标志着中国的环境教育被重新定向为可持续发展教育。

二、从生态教育到生态道德教育

通过上述对环境教育、可持续发展教育发展历程的追述，可以得到以下结论：首先，国际环境教育、可持续发展教育，经历了一个比较清晰的发展历程。主题由环境教育，扩展到可持续发展教育。其次，中国的环境教育、可持续发展教育，有典型的后发式发展过程，基本上是在立足国情的基础上，紧跟国际环境教育、可持续发展教育的发展步伐，国际导向十分明显。考虑到目前各国的环境问题并不一致，中国需要在新世纪探索自己的环境教育道路。

可以说，环境教育、可持续发展教育，最初的源动力是各种环境问题。但是，这种动因，一直都不是中国环境教育、可持续发展教育话语演变的主要推动力。虽然我们不愿意看到，但是在中国高速经济发展的同时，的确在付出巨大的生态代价。在这样一种背景下，过去那种"跟随式"的环境教育、可持续发展教育的发展方式，有必要发生变化。具体说来，主要就是由被动跟进到主动探索。对中国来说，所需要的不仅仅是具备环境保护的能力和意识的人，更是能够深刻反思人与环境关系，在人与自然关系上也满足道德要求的人。

这样看来，生态道德教育正是对可持续发展教育的一种推进。在本报告中，我们将生态道德教育理解为：以生态教育为教学内容主题，在生态教育过程中以学生道德发展为目标的教育活动。在教育目标的筛选，教育方法的使用上，生态道德教育都带有鲜明的生态特色。

（一）生态道德教育是基于对现代道德教育困境的认识

有学者对环境概念进行了分类（Faber & Manstetten，2010，p.159）。其一，一般的环境概念：此时，环境是某种特定生命体的环境。环境只有通过关系才能理解，所以没有这个或那个环境，而只有兔子的环境或橡树的环境。其二，人类的环境概念：环境单指人的环境。人作为生命体，与生物环境密切联系，在其中人通过代谢过程与生物环境联系在一起。这个概念划分提醒我们,人类的特征不仅仅是理性思考和自主性,而是存在着和其他动植物没有实质区别的一面。环境永远不可能等同于世界。把世界当做环境,就是在强调人与周围世界的密切联系,而较少强调人的理性和自主。

前文我们总结了现代道德教育困境的核心,认为种种现代道德教育难题,正是来源于"个人自由"与"社群精神"这对矛盾。具体来说,就是在现代道德教育中现代精神被过度张扬,诸如个人自由、理性选择得到过分强调。生态道德教育的内容主题来源于环境教育、可持续发展教育。在这种教育过程中,主题活动把学生带向自然,贴近了解自然规律。这时候人类是作为自然的一分子出现在自然的舞台上。世界被理解为人类活动的环境,而不仅仅是人类上演独角戏的舞台。人类在这个舞台上影响自然,同时也受到自然的影响。在这个过程中,学生可以很明确地体验社群的依附感。

同时,生态道德教育又不仅仅是对社群精神的强调。在下一章,我们将介绍生态道德教育的教育目标。在其中,我们将把道德目标区分为道德原则、道德规则以及道德规定三个层次。所谓对社群的依附感,主要是通过道德规定层次的教学实现的,而个体的道德自主和自觉,则是主要依靠道德原则层次的教学来实现。这样,现代道德教育困境所描述的"个人自由"与"社群精神"的矛盾,就有可能在生态主题的道德教育过程中,得到暂时的弥合。在第三章,我们还强调在道德原则、道德规则以及道德规定三者之间,建立对应的细化类目。这种实践探索工作,实际上也就可以理解为一种弥合"个人自由"与"社群精神"的努力。

（二） 生态道德教育是对环境教育、可持续发展教育的发展

对环境教育、可持续发展教育发展历程的考察,表明相应的教育目标重点在发生转移。基本上,在可持续发展教育概念出现以后,教育活动就开始更加强调情感、态度、价值观方面的目标。从环境教育发展到可持续发展教育,教育者越来越倾向于对整体的人乃至整个社会提出要求,而不再是对个人某方面素质提出要求。但是,我们也看到,这个时候的价值目标仍然是作为普通学校教育目标的一种补充而存在的。这时的可持续发展教育,并没有突破学校教育附属品的地位。

本书倡导将生态道德教育放在经济社会发展的时代背景中予以考虑。这时候，生态道德教育就突破了原有环境教育、可持续发展教育的从属地位。在生态道德教育的活动过程中，帮助学生完成道德品质的关键成长。学生在生态道德教育活动中，能得到一些独特的体验，能学习一些独特的道德规范体系。这些学习经验，反过来会影响学生的整个生活，其他教育活动过程也要受到影响。具体来说，这些学习经验可以概括为在人类中心的自由主义价值体系之外，强调自然中心的社群主义价值。

从可持续发展教育发展到生态道德教育以后，新类型的教育活动将不再是学校教育系统的又一块"补丁"，而是立志于彻底改观现代道德教育，乃至彻底改观现代教育和下一代人的道德面貌。与环境教育、可持续发展教育相比，这种教育在内容主题方面有借鉴，但服务的教育目标不同。

三、生态道德教育的理论与实践特色

（一）生态道德教育的理论特色

在人类文明的不同时期，自然可能有不同的意味：其一，因为没有现代机械的帮助，时刻在与自然力量相角逐的农民、牧民、渔民，将自然理解为一种必要但危险的力量。自然是一个不可靠的伙伴，含有残酷的成分。其二，智者和许多文化里的萨满巫师在认识到第一种观点外，还将自然理解为力量和权力的舞台。在这个舞台上，自然有时候与人类是敌对的，但是也可以接近和安抚，并为人类带来富足、保护、帮助和救赎。其三，在现代科学技术的视野中，自然意味着物理、化学、生物学过程，其意义在于能够成为科学研究和理论化的对象，也是技术统治和经济剥削的对象。其四，在现代文明所谓回到自然的观点看来，自然代表了那些我们不再拥有的东西。这种自然观可能有巨大差别：一些人可以从中寻找平衡和和平，一些人寻找冒险和极端体验，另一些人仅仅从中感受某种自由（Faber & Manstetten，2010，p.80）。这四种自然概念，可分别命名为威胁派、双面派、技术派和浪漫派的概念。

与自然概念相关，人对自然的态度，相应地也会有所不同。态度一，把自然作为上帝的剧场：希腊人对自然的解释，是基于神存在的前提下。他们认为自然是神统治的领域。既然自然显现了神的意志，那么人类影响环境的行为将会带来神的反应或者神的告诫。这时候，人对待自然的方式是满含着敬畏和关怀。那些试图改变自然对大地和海洋的安排，是一种傲慢的表现，会激怒复仇女神，带来无可逃避的惩罚。态度二，把自然作为理性的剧场：同样是在古希腊，出现了将自然视为理性观察对象的观念。这项巨大的转变，由前苏格拉底的哲学家们完成。这些哲学家拒绝将神视为自然现象的解释，或者作为伦理思考的基础（Hughes，Foltz & Stone，2009）。可以看到，这两种人对自然的态度中，前者认为自然有独立的意志，后者则只承认人类具有这种意志。对照来看，只有采用了技术派的自然概念，才会秉持后一种人对自然的态度。

① 重新强调人向自然学习的态度

自然概念以及相应的人对自然的态度，可以进一步具体化为教育领域处理人与自然关系的态度。在这方面，有两种态度可供选择。一种态度认为，每个人都是通过各种自然经验获得知识。即使是对自然进行简单观察，也会让人获益匪浅。江河湖泊、飞禽走兽，都可以作为学习，而不是研究的对象。并且，这种学习，最终会影响到人的品格和生活。带着这种态度，教育就有必要提升人对自然的理解。例如，人可以向自然学习以一种更平等的方式，看待构成自己环境的对象。这种"人向自然的学习"态度是在人类历史中，教育领域对人与自然关系的主要定位方式。

另外一种态度，将上述态度转换为"人向自然的学习"态度。此时，"人向自然的学习"，被界定为一种非正式教育，从属于学校教育。自然本身成为一种研究，而不是学习的对象。并且，这种研究在许多时候是以现代科学的眼光，来了解人类对自然的观察、探索、利用以及破坏的过程。这时，自然不再有高于人的地位，甚至连与人平等的地位也很难保持。自然成为人类实验台上，可以观察、控制乃至废弃的一个对象。

对待人与自然关系问题的态度，同时也会投射到人类社会。选择"人向自然的学习"态度，能让我们在自然面前，保持更为谦逊甚至谦卑的态度。这时候，我们在精神上更不愿意是独立的，而是更愿意保持相互依赖，也依赖自然。相应地，我们与周围世界，主要不再是竞争，而是共存关系。与这种姿态相对立的，来自"人对自然的学习"。这种态度，让我们在自然面前，呈现出一种天之骄子的傲慢。相应地，我们追求个人的独立和自由，与周围世界的关系也将主要表现为竞争态势。

（1）人向自然学习的态度

人向自然学习，是十分古老的面向自然的态度。通过观察自然，人学会处置人与人之间的关系。例如，《荀子·劝学篇》中，就包含许多这方面的例子。荀子在表达自己的观点时，总是以自然界当中的一些事例来作说明。通过这些例子，荀子生动地表达了自己对学习的观点。例如，"木直中绳，𫐓以为轮，其曲中规，虽有槁暴，不复挺者，𫐓使之然也。"这是用来说明强制和标准的重要性。"木受绳则直，金就砺则利。"这是说君子经过学习也可以得到持久的变化。又例如，用蒙鸠、射干为例，说明环境对人学习的重要性。类似"蓬生麻中，不扶而直；白沙在涅，与之俱黑"这样的句子，更是以很明白晓畅的比喻，让人一下子就能把握住环境对人的习染的重要性。

劝　学　篇

君子曰：学不可以已。青，取之于蓝，而青于蓝；冰，水为之，而寒于水。木直中绳，𫐓以为轮，其曲中规，虽有槁暴，不复挺者，𫐓使之然也。故木受绳则直，金就砺则利，君子博学而日参省乎己，则知明而行无过矣。

故不登高山，不知天之高也；不临深溪，不知地之厚也；不闻先王之遗言，不知学问之大也。干、越、夷、貉之子，生而同声，长而异俗，教使之然也。诗曰："嗟尔君子，无恒安息。靖共尔位，好是正直。神之听之，介尔景福。"神莫大于化道，福莫长于无祸。

吾尝终日而思矣，不如须臾之所学也。吾尝跂而望矣，不如登高之博见也。登高而招，臂非加长也，而见者远；顺风而呼，声非加疾也，而闻者彰。假舆马者，非利足也，而致千里；假舟楫者，非能水也，而绝江河。君子生非异也，善假于物也。

南方有鸟焉，名曰蒙鸠，以羽为巢，而编之以发，系之苇苕，风至苕折，卵破子死。巢非不完也，所系者然也。西方有木焉，名曰射干，茎长四寸，生于高山之上，而临百仞之渊，木茎非能长也，所立者然也。蓬生麻中，不扶而直；白沙在涅，与之俱黑。兰槐之根是为芷，其渐之滫，君子不近，庶人不服。其质非不美也，所渐者然也。故君子居必择乡，游必就士，所以防邪辟而近中正也。

物类之起，必有所始。荣辱之来，必象其德。肉腐出虫，鱼枯生蠹。怠慢忘身，祸灾乃作。强自取柱，柔自取束。邪秽在身，怨之所构。施薪若一，火就燥也，平地若一，水就湿也。草木畴生，禽兽群焉，物各从其类也。是故质的张，而弓矢至焉；林木茂，而斧斤至焉；树成荫，而众鸟息焉。醯酸，而蚋聚焉。故言有招祸也，行有招辱也，君子慎其所立乎！

积土成山，风雨兴焉；积水成渊，蛟龙生焉；积善成德，而神明自得，圣心备焉。故不积跬步，无以致千里；不积小流，无以成江海。骐骥一跃，不能十步；驽马十驾，功在不舍。锲而舍之，朽木不折；锲而不舍，金石可镂。蚓无爪牙之利，筋骨之强，上食埃土，下饮黄泉，用心一也。蟹八跪而二螯，非蛇鳝之穴，无可寄托者，用心躁也。是故无冥冥之志者，无昭昭之明；无惛惛之事者，无赫赫之功。行衢道者不至，事两君者不容。目不能两视而明，耳不能两听而聪。螣蛇无足而飞，鼫鼠五技而穷。诗曰："尸鸠在桑，其子七兮。淑人君子，其仪一兮。其仪一兮，心如结兮。"故君子结于一也。

【资料选自：《荀子·劝学篇》。】

"人向自然学习的态度"还表现为在说明做人道理的时候，会使用自然界的动植物，作为譬喻和说理。把人类理解为更广大的生命社群的一部分。这种参与和相互依赖的感受，可导致一种物种间的交流。在其中，熊、狼、鲑鱼、玉米等自然界的事物，提供了理解基本生活方式的参照，同时也协助澄清了这些生活方式的道德应用（Bowers，1995，p.39）。这时候，自然万物实际上是作为一种朴素的生活形态，出现在人面前的。

伊索寓言两则

大树与芦苇

有一天，狂风刮断了大树。大树看见弱小的芦苇没受一点损伤，便问芦苇，为什么我这么粗壮都被风刮断了，而纤细、软弱的你什么事也没有呢？芦苇回答说："我们感觉到自己的软弱无力，便低下头给风让路，避免了狂风的冲击；你们却仗着自己的粗壮有力，拼命抵抗，结果被狂风刮断了。"

这故事是说，遇到风险时，退让也许比硬顶更安全。

家狗和狼

一条饥饿的瘦狼在月光下四处寻食，遇到了喂养得壮实的家狗。他们相互问候后，狼说："朋友，你怎么这般肥壮，吃了些什么好东西啊？我现在日夜为生计奔波，苦苦地煎熬着。"

狗回答说："你若想像我这样，仅只要学着我干就行。"

"真是这样，"狼急切地问，"什么活儿？"

狗回答说："就是给主人看家，夜间防止贼进来。"

"什么时候开始干呢？"狼说，"住在森林里，风吹雨打，我都受够了。为了有个暖和的屋子住、不挨饿，做什么我都不在乎。"

"那好，"狗说，"跟我走吧！"

他们俩一起上路，狼突然注意到狗脖子上有一块伤疤，感到十分奇怪，不禁问狗这是怎么回事。狗说："没什么。"狼继续问："到底是怎么回事？"

"一点点小事，也许是我脖子上拴铁链子的颈圈弄的。"狗轻描淡写地说。

"铁链子！"狼惊奇地说，"难道你是说，你不能自由自在随意地跑来跑去吗？"

"不对，也许不能完全随我的心意，"狗说，"白天有时候主人把我拴起来。但我向你保证，在晚上我有绝对的自由；主人把自己盘子中的东西喂给我吃，佣人把残羹剩饭拿给我吃，他们都对我倍加宠爱。"

"晚安！"狼说，"你去享用你的美餐吧，至于我，宁可自由自在地挨饿，而不愿套着一条链子过舒适的生活。"

这是说，自由比安乐更重要。

【资料选自：《伊索寓言》。】

（2）人对自然学习的态度

在古代，人们认为每一棵树、每一眼泉水、每一个小溪、每一个山峰都有其自身的守护神。一个人在砍掉一棵树、开发一座矿山、拦截一条小溪之前，有一件很重要的工作就是安抚其中的守护神。在希腊，自然被首先理解为上帝向人说话的符号系统：勤劳的蚂蚁是对懒汉的训诫；跳动的火焰是高涨精神的标志。这种对自然的观点，更多的是艺术性的，而不是科学性的。这种万物有灵的自然观念，坚信大自然是魔幻的、神圣的，充斥着精灵。

直到 13 世纪，这样的自然观和自然神学观才发生转向，人们不再将自然理解为上帝向人说话的符号系统。这时，绚丽彩虹不再是希望的符号，而是研究光学机制的观察对象。通过摧毁这种万物有灵论，基督教以一种完全无视自然对象感受的方式来看待自然。《圣经·创世纪》写道："神就照着自己的形象造人，乃是照着他的形象造男造女。神就赐福给他们，又对他们说，要生养众多，遍满地面，治理这地。也要管理海里的鱼，空中的鸟和地上各样行动的活物。"根据林恩·怀特（Lynn White）的观点，《圣经》中的这类教义，表现了基督教的人类中心倾向（White，1967）。通过维系人类之于地球上其他生物的优先性，通过将自然的所有生物描写为为人类而造，基督教在人与自然关系的问题上，形成了一种与现代科学一致的观点：既然人类是地球上唯一值得在乎的对象，那么人类使用和消费自然，就不会有任何道德上的担心了。

现代科学是在基督教神学的信念基础上型塑出来的，所以也继承了基督教对自然的傲慢态度（White，1967），并进一步鼓励人类无节制地开发自然。从 16 世纪开始，对世界的科学解释，替代了神学的解释。这时候，知识不再是用来服务于上帝和支撑信仰，而是进一步服务于人类并扩充人类征服自然的能力。科学要取得进步，就必须清除掉所有那些把自然看做是充满了生命和精灵的观念。通过对宇宙进行严密的数学、物理解释，现代科学君临于"僵死的自然"之上，将生机勃勃的自然转变为一架死机器。通过这种自然观的转换，现代科学极大地推动了人类支配自然的进程（贝斯特、科尔纳，2002，pp. 259-260）。

可以说，整个现代文明，都是建基于上述人与自然关系的转向。现代科学，不再将自然视为敬畏、崇拜的对象，而是将其视为研究对象。整个自然的存在，都是为了人类更好地生存繁衍。这时候，自然对人类的供给，似乎是无止境、无条件的。人类对自然的索取，也可以无所顾忌。现代科学就是采取了这种假设，并努力探索更好地解释自然、支配自然的法则。培根（Francis Bacon）的著名命题，"知识就是力量"所表达的"力量"，正是人类控制自然的力量。

知识就是力量

如果另外有人不满足于停留在和仅仅使用那已经发现的知识，而渴欲进一步有所钻掘；渴欲不是在辩论中征服论敌而是在行动中征服自然；渴欲寻求不是那美妙的、或然的揣测而是准确的、可以论证的知识；那么，我就要邀请他们全体都作为知识真正的儿子来和我联合起来，使我们经过罪人所踏到的自然的外院，最后还能找到一条道路来进入它的内室。现在，为使我的意思更加清楚并以命名的办法来使事物变得熟悉起来，我把上述两种方法或两条道路之一叫做人心的冒测；而另一个则叫做对自然的解释。

……

人类知识和人类权力归于一；因为凡不知原因时即不能产生结果。要支配自然就须服从自然；而凡在思辨中为原因者在动作中则为法则。

【资料选自：培根（1620 / 1986，pp. 5，8）。】

在现代文明高速发展的今天，人们开始对现代文明本身进行反思。作为现代科学处理人与自然关系的基本态度，"人向自然学习的态度"日益受到批评。批评者认为，自然界的复杂性远远超出了我们的预料。至少是超出了现代科学的理性认知范围。一些人开始提出返璞归真的诉求，这些诉求其实就是要重新重视"人向自然学习的态度"。在自然中，寻找人类进一步发展的方向。由"人向自然学习的态度"，转而重新强调"人向自然学习的态度",成为对古老人类文明的回溯。这也成为生态道德教育的第一个理论特色。

② 符合儿童的年龄特点

按照皮亚杰的研究,儿童期会表现出泛灵论的认知特点。这时期的儿童,会把生命概念进行不同程度的泛化。也就是说,把一些无生命的事物,误解为生命体。这种泛灵论特点,在年幼的孩子身上有许多表现。例如,我们经常可以看到年幼的孩子,可以和一些无生命的物体说话。不仅如此,泛灵论还深深地嵌入儿童的整个思维当中,具有隐性而系统的特点。泛灵论的心理特征,让在儿童期的孩子们更容易以一种平等的姿态来对待自然界的事物。

儿童泛灵论的三个阶段

5~7岁儿童在提问和对话中表现的泛灵论,基本来源于偶然现象当中。这些现象是儿童无法运用理智去理解或者是出乎意料的情况。但是,这些现象激发起儿童的兴趣,引起自发的泛灵论反应,这种场合相当有限。不过这种有限性,并不是泛灵论的特点。在下文中,我们将展示,儿童把世界理解成一个万物都要服从道德和社会法则的"社会"。因此,我们没必要提问那些刻意揭示泛灵论的问题。事实上,就像我们时常看到的那样,这一类提问只是冲击儿童、向儿童发出提问的例外情况而已。

如果事实如此,就有必要找到儿童身上隐性的、系统的泛灵论信念。这是我们通过对一项信念的分析来做的事。这项研究,将从对儿童的自发泛灵论,过渡到对儿童自然法则必要性的类型研究上来。根据我们用作研究对象的这项信念,儿童会以为太阳和月亮总是跟着他。我们在日内瓦、巴黎还有其他一些地方,对许多儿童有过提问。他们的回答相当一致,而且往往是自发的……

可以观察到三个阶段。在第一阶段,儿童相信太阳和月亮跟着他,就像小鸟在屋顶上那样。这个阶段一般会持续到8岁,但是在12岁孩子当中还可以发现这类例子。在第二阶段,儿童认为太阳既是跟着,也是不跟着的。儿童会努力规避其中的矛盾。譬如,太阳不动,但是它的光跟着我们；或者，太阳总是待在那，但是会转动，所以它总能看到我们；等等。一般来说，这个阶段的儿童年龄范围是8～10岁。最后，一般在10～11岁以后，儿童知道太阳和月亮仅仅是看起来像在跟着我们，这只不过是因为距离而造成的一种幻觉。从泛灵论的角度来说，前两个阶段是泛灵论的，第三个阶段则通常表现了有关太阳的泛灵论的消失。在第一阶段，儿童会完全地、无保留地赋予太阳、月亮以意识和意志。

以下是第一阶段的例子。

杰克（6岁）："太阳动吗？""是的，人走路的时候，它跟着。人转弯，它也转弯。它老是跟着，是吧？""太阳为什么动？""因为人走路的时候，它也走。""太阳为什么走？""想听我们在说什么。""太阳是活的吗？""当然啦，要不然就不能跟着我们了，也就不能闪闪发光了。"过了一会："月亮动吗？""是的，人走路的时候，它也走，而且更厉害。因为，你跑的时候，它也跟你跑得一样快。但是，你跑的时候，太阳只会走。因为月亮比太阳结实，所以月亮跑得快。太阳总也不如月亮。""你不走的时候会怎么样？""它停下来。不过我停下来了，还有别人跑呀。""你跑，你的朋友向另一个方向跑，这时候会怎么样？""它会跟着别人。"在这段对话的最后，问题指向了这些运动的一般原因，我们问："今天让太阳动的原因是什么？""它不动，因为没人跑。哦，对了，它一定在动，因为我听到大车的声音了。"

以下是第二阶段的例子，太阳和月亮跟着我们，但是自己不动。

萨特（11岁零5个月）："月亮动吗？""是的。""你出门散步时会发生什么？""你看到它总在动。""跟着还是不跟着？""跟着，因为它很大。""动还是不动？""动。""月亮跟着我们的时候，它动还是不动？""不知道。"显然，萨特并不理解，一方面他相信月亮跟着我们，另一方面他相信月亮不动。萨特不能把这两个观念综合起来。

卢格（12岁零3个月）不会向萨特那样搁置矛盾问题，而是试图调和。"你出门时，月亮干什么？""跟着我们。""为什么？""它的光跟着我们。""月亮动吗？""动，跟着我们。""那么告诉我……（两个人向相反方向跑的例子）""它不动，不能同时跟着两个人。""你有没有遇到过月亮没法跟着的时候？""经常在跑的时候。""为什么？""太快了。""为什么要跟着我们？""看看我们到哪去。""月亮能看到我们吗？""能。""城里有很多人的时候，月亮怎么办？""跟着。""谁？""几个人。""月亮怎么做的?""用它的光。""是真的跟着吗?""你得知道,我们是我们,月亮是月亮。""月亮动吗?""是的,它动。""它做什么了?""它待在那,它的光跟着我们。"

以下是第二阶段和第三阶段的中间段的例子。

马特(9岁零5个月):"你走路的时候,月亮干什么?""跟着我们,自个儿待着不动。当我们动的时候,它就靠近我们。""月亮怎么靠近的?""它待着不动,我们靠近它。""你怎么知道?""你过屋子前面的时候,就看不到它了,只能看到墙。""那你怎么说?""它不动。""你为什么说月亮跟着我们?""我说错了。没有屋子的时候,月亮总是在我们前面。""为什么月亮要动?""没人让它动。它总是待在一个地方。"

弗莱彻(8岁)也说月亮"跟着我们。""为什么?""因为它挂得高高的,每个人都能看到它。""如果我们俩都在走路,方向相反,月亮跟着谁?""会跟着你,因为它跟你更近。""为什么?""因为你在前面。""为什么更近?""它总待在一个地方。"

马特和弗莱彻仍然处于第二个阶段,相信我们在走路时是在接近月亮,因此其错觉还是有基础的。但是,他们已经有第三阶段的特点,因为他们不再坚持月亮会改变位置(光也不跟着我们了)。

以下是第三阶段的例子。太阳、月亮跟着我们的错觉,完全被理解了。

派克(7岁零3个月):"晚上出去散步的时候,月亮动吗?""月亮很远的,你可以说月亮在动,不过实际上没有。"

卡夫(10岁零9个月):"你走路的时候,你可以说月亮跟着,因为月亮很大。""月亮跟着我们吗?""不。我过去相信月亮跟着,相信月亮会在我们后面跑。"

达克(7岁半):"你出去散步的时候,太阳会干什么?""照着呀。""它跟着你吗?""不,但是你在哪都能看到太阳。""为什么?""因为太阳非常大。"

【资料选自:Piaget(1929 / 1997,pp. 213—220)。标题为编者所加。】

上述泛灵论的认知特点,只是儿童期的众多特点之一。这种心理学特点,作为一种心理事实的描述或者建构,并不能规范教育活动的取向。具体来说,教育既可以选择顺应儿童的这种认知特点,也可以选择发展儿童的这种认知特点。在这个问题上，需要补充有关儿童期的社会学讨论。教育领域对儿童期的处理，反映了这些社会学讨论所揭示的趋势。

基本上，社会学中的儿童研究认为，童年概念不是从来就有的。直到中世纪，都还没有童年的概念。当然，这并不是说在整个中世纪儿童都被忽视、遗弃或轻视了。不存在童年的概念，并不意味着成人对待儿童的情感与今天有多少区别，而只是说成人对儿童特殊本质的认识不同（Aries，1962，p. 128）。只是到了现代，尤其是1850～1950年这个阶段，才出现童年发展的最高峰。在这段时期，儿童开始走出工厂，进入学校；开始穿着自己的服装，使用自己的家具，阅读自己的书籍，做自己的游戏，生活在自己的社交世界里（波兹曼，1994/2004，p. 97）。很显然，现代教育的大发展，与童年概念的高峰期正好是契合的。所以，现代教育的一个重要特色就是有明确的童年概念，认为教育活动应该看到儿童的特殊本质，而不要把儿童当做一个"小大人"看待。

正是基于这种童年概念，不但在面对泛灵论，而且在面对儿童的各种心理特征时，现代教育的基本思路都是顺应。既然儿童表现出对自然界的爱好，并且由于学校教育的区隔作用，孩子们的这种爱好尤其强烈。那么，带领孩子们进行环境教育、进行可持续发展方面的主题学习，将更能引起学习兴趣。波兹曼有关"童年已死"的命题，告诉我们儿童期正在遭受侵蚀。童年概念所带来的成人生活与儿童生活的界限，正在日益模糊。在这种状况下，现代教育照顾儿童心理特点的需求，显得更为迫切。照顾儿童的年龄特点，是生态道德教育的第二个理论特色。

两种不同的工作

虽然要求儿童和成人相互爱戴、和谐地生活在一起，但他们常常是不协调的，因为他们并不能相互理解，这破坏了他们生活的基础。

儿童和成人的冲突产生了许多不同的问题。其中有一些显而易见跟他们的相互关系有关。成人在生活中有一个复杂和强烈的使命要完成。要成人使自己适应儿童的节奏和精神视野，中断自己的工作来满足儿童的需要，这对他来讲已变得越来越困难。另外，日益复杂和紧张的成人世界跟儿童不相协调。与当代文明的人为特征形成强烈对照的是，我们可以回忆起原始人简朴和平静的生活，在那里儿童可以找到一个自然的庇护所。在这个社会里，儿童跟以平静安宁的方式从事简单工作的成人相接触。儿童的周围就是家畜和他可以随意触摸的其他东西。他可以做自己的工作，而不必害怕遭到反对。当他感到疲倦时，他就躺在树荫下睡着了。

但是，文明慢慢地把自然环境从儿童那里收了回去。所有一切都规定得有条不紊，节奏迅速，并受到限制。不仅节奏加快的成人生活是儿童生活的障碍，而且机器的出现像旋风一样刮走了儿童最后的庇护所。儿童不能再进行他应该从事的自然活动。对儿童过分的照料主要是防止他的生存遭到危险，这种过分的照料不断地被扩大以致越来越严重地损伤了儿童。现在，儿童就像一个流放在世的人，孤立无助并受到奴役，没有一个人想为他创设一个适宜的环境或考虑他的工作和活动的需要。

由于存在两种生活方式，儿童的生活方式和成人的生活方式，为此我们必须深信存在两种截然不同的社会问题和两种基本不同的工作类型。

【资料选自：蒙台梭利（1977 / 2005，pp. 187－188）。】

（二） 生态道德教育的实践特色

① 强调道德目标

生态道德教育通过生态主题的教学，帮助学生获得向自然吸取智慧的经验。在这个过程中，虽然继承了环境教育、可持续发展教育对行动干预的强调，但是最关键的区别在于教师的目标指向。这时候的教师，不是为了生态主题本身而教，而是要在生态主题的教学过程中，帮助学生发现自然界中的法则，发现自然对人类的启示。

需要说明的是，道德目标是教师心目中的一种目标指向。并不意味着每一个生态道德教育的主题活动，都必须明确写出一组相应的道德目标。教师为了完成某个道德规定的教学，可以预先安排一些间接指向该道德目标的课。所附"狮子与野猪"这篇文字，并没有明确的道德寓意。但是，其中包含的相互制衡与约束的自然法则，完全可以用来设计一份优秀的德育教学计划来。届时，学习这篇文字的过程，同时就是间接指向道德教学目标的过程。虽然教师在文字学习阶段，并不涉及伦理思考的环节，这样的教学也仍然可以称为生态道德教育。这个问题，在"生态道德教育的备选模式"一节，有进一步的说明。

狮子与野猪

想想一个由深深沼泽和灌木丛星罗棋布的露天草原组成的生态系统。成群的野鹿漫步于草原上，一群小型狼群掠食它们。灌木丛深处居住着一种小型野猪，尽情享用甘蓝。灌木丛中没有肉食动物，因此如果甘蓝有好收成，则野猪的数量会猛增，以至于灌木丛容纳不下，只好迁入草原，并很快被狼群吃掉，如此反复，生态系统处于平衡之中。

但是，也存在周期性的危险期。这群野猪偶尔会产生变异，变成大型野猪，长出危险的獠牙。它们很快吃光了灌木丛中的食物，并冲向草原。有时狼群能杀死足够数量的大型野猪而保护草原，有时则无法控制。当后一种情况发生时，野猪的数量过多，驱逐和消灭了生态系统中所有其他生物，从而导致生态系统崩溃。

现在往这个生态系统引入一个护林员和几群狮子。当护林员发现大型野猪的数量优势压倒了狼群后，他放开30多头狮子，迅速猎食草原上的野猪，同时也吃掉灌木丛中的大部分野猪，然后再把狮子收回笼子。狼群的数量恢复，生态系统再次达到平衡。

让我们把问题再复杂化一些：狮子（而不是狼群）对它们的食物有一种独特的颜色喜好，它们喜欢深色的猎物，而不会吃掉浅色的被掠食者。这对护林员来说挺好，因为几乎所有的野猪，无论大小，都是深色的，几近黑色。有些猪是白色的，狮子不吃它们。不过，当狮子吃掉所有的深色猪后，数量恢复的狼群能轻易地打败剩下的少量白色猪。

除非到了紧要关头，聪明的护林员是不会轻易放出狮子的，因为系统本身通常运行得很好。但是，现在假设国家公园管理部门的某个官僚认定先发制人地保护生态系统会更好，他命令一旦看到草原附近出现一只野猪，或者狼群看起来为可能进入草原的野猪群而惴惴不安时，就放出一群狮子。或者，他希望一群狮子固定生活在这个生态系统中，在野猪群突然繁殖过多之前就控制住它们。总之，不管以什么理由，我们开始让狮子全时地生活在这个生态系统中。想想狮子与狼群有两点不同：它们既以草原为家，也以灌木丛为家，而且它们不吃白色猪。

接下来野猪种群会发生什么变化呢？狮子会惬意吃掉以灌木丛为基地的野猪，并吃掉蔓延到草原上狼群本来足可对付的小群野猪，但具有很大的选择性——它们只吃深色猪，后者到目前为止占野猪种群的主体。随着野猪数量的下降，甘蓝增多，深色猪不再像平常那样能够轻易找到配偶并繁殖后代，它们突然发现也可以和白色猪组成家庭。白色猪出现在灌木丛中的频率开始越来越频繁。许多代之后，我们拥有了一个新的野猪主体——大部分野猪是浅色的。

当野猪变异成长有獠牙的大型品种，并大批大批地冲向草原时，又会发生什么情况呢？成群的狮子会在草原出现以援助狼群，但会放过大部分狂暴的野猪，因为那些是它们不爱吃的浅色猪。生态依赖于它的防卫机制，即狼群和狮子。现在被打败的狼群和挑食的狮子不再有能力发动一场防卫战，生态系统将走向毁灭。

假设我们能够访问这个生态系统，询问它为了自己的生存作何选择。它优先考虑的是什么？首先，不要任何冒犯，它宁愿不受干扰。它不需要狮子来猎食灌木丛中的野猪，野猪在那里挺好，可以避免甘蓝失控地疯长；不管有什么理由，它不需要护林员射杀野狼，不需要园丁来整理草原，也不需要引入猫、狗、兔子、斑贝、天鹅或野鸽。无论往生态系统引入什么样的外来生物，都不会有效，它们的数量越少越好。其次，我们应当注意到防止这些不幸的野猪突然繁殖过多的主要措施是保持狼群及整个系统的稳定。如果我们希望保护这个生态系统，则应当注意它的整体稳定，而不只是其中的野猪。最后，为了加深印象，请注意如果引入狮子吃掉处于正常基数状态的野猪，会使可预知的周期性爆发难以处理，并使每次爆发都危及生态系统的安全。我们有没有办法恢复生态系统的平衡？

【资料选自：牛顿、迪林汉姆（2002／2005，pp.99－101）。题目为编者所加。】

② **内容主题关注自然**

生态道德教育是从环境教育、可持续发展教育当中寻找内容主题。

这些主题，在学校课程中，占有一席之地，但是还不是很系统的，一般是以穿插和渗透的方式来落实。生态道德教育系统地应用环境教育、可持续发展教育，这成为另一种实践特色。

另外，内容主题的选择，对比传统道德教育，其特色会更为明显。道德教育一般只是将道德考虑的对象限制在人类的范围内。生态道德教育通过内容主题的独特范围，将道德考虑的范围进一步扩大，把自然界的生命体乃至无生命体都纳入道德考虑的范围内。

内容主题的概念架构

环境教育的实践，倚重各种课程材料。相关内容主题的概念架构是必要的，可以用来指导教学和活动的设计。以下是两份不同的概念架构，大致规划了环境教育、可持续发展教育的内容主题范围。

一、《野生生物学习》（1986）

1. 认识并喜爱野生生物

（1）人和野生生物有类似的基本需求；

（2）人和野生生物共享环境；

（3）人和野生生物在很大程度上，要面对同样的环境条件；

（4）人比野生生物有更强的适应和改造环境的能力；因此，人有责任考虑自己的行为对其他生命形式的影响。

2. 人的价值和野生生物

（1）野生生物有审美价值和精神价值；

（2）野生生物有生态价值和科学价值；

（3）野生生物有社会价值和政治价值；

（4）野生生物有商业价值和经济价值；

（5）野生生物有消费性的价值和非消费性的娱乐价值。

3. 野生生物与生态系统

（1）每种环境都有独特的生命形式；

（2）生态系统中的所有生命元素都是相互依赖的；

（3）所有的生态系统，都在发生变化；

（4）所有的生态系统中，都存在不断的适应；

（5）生物倾向于复制自身，其数量倾向于超出栖息地的能力限度；

（6）每一块陆地和海洋，以至整个地球，都有养育动植物的能力。

4. 野生生物保护

（1）对资源和环境的管理，意味着利用科学知识、技术手段来保护、恢复、扩展、增进自然资源的价值，以及提升环境的质量；

（2）野生生物是我们的基本自然资源之一，其他还包括水、矿物、石油等；

（3）好的栖息地对野生生物来说至关重要；

（4）对野生生物资源可以进行管理和保护；

（5）野生生物保护有赖于人对自然法则的了解，以及多学科知识的应用；

（6）在美国，野生生物被认为是一种公共资源。对土地和海洋的私有，并不同时意味着对其领地内的动植物的私有权。

5. 文化、社会与野生生物的交互作用

（1）古往今来的人类文化和社会，影响并同时受到野生生物及其栖息地的影响；

（2）通过一定社会机制，社会发展出与野生生物及其栖息地相关的制度和政策。

6. 野生生物主题和趋势：选项与结果

（1）在全球范围内，人类对野生生物及其栖息地的影响逐渐扩大；

（2）野生生物及其栖息地主题，是文化与社会趋势的结果；

（3）当前的野生生物主题和趋势是复杂的，包含了多个选择与结果；

（4）许多问题、主题和趋势涉及别国的类似野生生物。

7. 野生生物、生态系统以及负责任的人类行为

（1）每个个人作为社会成员之一，都会对环境带来影响；

（2）负责任的环境行为是全社会的责任，并要求从个人做起。

二、《环境教育的学习要素》（1990）

1. 自然系统

（1）基础：环境、地球、生物圈；

（2）非生物元素：能源、大气层、土地和土壤、水；

（3）生物元素：植物、动物；

（4）过程：天气与气候、生物地球化学循环、进化和灭绝；

（5）生物学意义上的系统：生态系统、食物链和食物网、人口、栖息地和小环境。

2. 资源

（1）自然资源：分配与消费、管理与保护、可持续发展；

（2）非生物资源：能源和矿产、水、土地和土壤；

（3）生物资源：森林、野生生物和鱼类、生物多样性；

（4）资源退化：系统的极限、污染。

3. 人类系统

（1）人与环境：人是环境的一部分、人适应环境、人影响环境、人口因素；

（2）技术系统：农业、人类居住地、制造业和技术；

（3）社会系统：经济系统、社会政治系统、文化和宗教；

（4）环境意识和保护：价值和伦理、教育和通信、参与和资源行为、合法和强迫。

【资料选自：北美环境教育协会网站 http：//www. naaee. org。题目为编者所加。】

3 强调行动干预

已有的环境教育、可持续发展教育，比较注重行动干预。相当多的主题活动设计，都会落实到行动干预方面来。当然，对行动干预的强调，也需要教师付出努力。在对环境教育的反思中，有教师发现，环境教育完全可以不强调行动。这时，学生虽然在接受环境教育，但还是与自然界隔绝。对多数学生来说，还没有好奇地打量周围世界的体验。因为这些弊端，论者转而强调行动干预，并预期一系列良性的转变（Krapfel，1999）：由智力和情感不投入，转变为深入参与；由仅仅意识到明显的事，转变为意识超越了显而易见的事；由把世界看做相互分离的、静态的，转变为将世界看做相互联系的、动态的；由智力与情感的分离，转变为智力与情感的融合；等等。这些良性的变化，对生态道德教育来说也同样重要。

因此，继承了环境教育、可持续发展教育内容主题的生态道德教育，相比传统的道德教育，更强调行动干预。这种干预的范围，突破了学校围墙的限制，扩展到学生生活的社区，乃至整个地球。所附的"绿色生活大考查"是世界自然基金会香港分会开发的一项主题活动。如果用在生态道德教育中，教师就可以尝试一些间接的道德教育目标，例如引导儿童学会对自己的行为负责任，等等。但是，很明显这个课例是以儿童自己的行动作为基本的元素。

绿色生活大考查

您可以根据以下将日常生活分为"衣、食、住、行"四个类别的"必做清单"，为每日的生活做一个小调查，每周检讨一个类别的生活（第一周调查"衣服及其他消费品"；第二周调查"饮食"，依此类推），然后邀请父母或老师为您核实。看看自己最后能否成功建立绿色生活。记住，您在家里或学校做的每一项事项，都在保护大自然！

一、"必做清单"是什么？

这个清单是根据资源善用的四用原则（4R）而设计，包括：

物尽其用：Reuse

减少使用：Reduce

循环再用：Recycle

替代使用：Replace

这个原则旨在珍惜及善用地球上有限的资源，维持一个生生不息的地球。

二、怎样做？

1. 根据"必做清单"，每周进行自我检讨，在相应的方格内加上"√"。

经常：一周 4 至 7 天执行了该项任务；

偶然：一周 1 至 3 天执行了该项任务；

没有：没有执行该项任务。

2. 每周请监督人（家长或老师）为您核实。

3. 看看十二周后，您能否做到所有的任务！

必 做 清 单

衣服及其他消费品	适用于
购物时自备环保购物袋。	购物时
以手帕代替纸巾。	任何时候
打印及影印时，以双面打印，或打印在单面废纸上。	家居及学校
在网上阅读报纸、杂志及其他资讯。	家居及学校
饮　　食	
把食物渣滓（厨余）放入学校的堆肥区（如有）。	学校
自备餐具及水杯。	用餐时
不使用发泡胶餐具。	用餐时
回收饮料的铝罐及塑料瓶。	任何时候
居住环境	
用淋浴取代盆浴。	家居
完全关掉不使用的电器，如电灯、电视及电脑。	家居及学校
不用水时关掉水龙头，如在涂洗手液、沐浴露、洗发液后。	家居及学校
进行废物分类，并使用回收设施进行回收。	家居及学校
交通及行为	
步行、踏单车或乘搭公共交通工具。	外出时
如层数较少，使用楼梯上楼。	家居及学校
栽种植物，帮助绿化。	家居及学校
不伤害动植物。	任何时候
发掘一个环保生活贴士。	任何时候

记录页：

经常	偶然	没有	监督人签署	老师评语
衣服及其他消费品			第一周　日期：（＿/＿/＿）－（＿/＿/＿）	
饮食			第二周　日期：（＿/＿/＿）－（＿/＿/＿）	
居住环境			第三周　日期：（＿/＿/＿）－（＿/＿/＿）	
交通及行为			第四周　日期：（＿/＿/＿）－（＿/＿/＿）	

【资料选自：世界自然基金会香港分会，http：//www. wwf. org. hk. (n. d.)。】

第三章
生态道德教育的目标

提 要

- 生态道德教育的目标类型可分为道德目标与非道德目标。
- 生态道德教育的目标层次可分为道德原则、道德规则与道德规定。
- 生态道德教育的目标也可能在其他形式教育活动中得到强调。但是，生态道德教育主要判断的是自然对象，并强调自然取向的思考方式。
- 生态道德教育目标上的实践探索主题包括：对道德原则、规则和规定进行嫁接；寻找以自然为对象的道德规则和道德规定。

人向自然学习的态度和对道德问题的强调，是生态道德教育重要的理论与实践特色。要将生态道德教育与环境教育、可持续发展教育区分开，就需要在道德教育的目标方面，体现上述两项特色。本章的讨论，将围绕生态道德教育目标的类型与层次来进行，尤其以道德教育目标的层次作为重点。

一、道德教育目标的类型

学生的道德成长，一般可能有两种做法。第一种做法，是将其作为教育机构中全体员工、全部工作的目标之一。这在教育机构的各种对外文件当中经常可以看到。第二种做法，是将其作为机构中一部分人员的专门工作。这是校内外教育机构在人员职能划分上的常见做法。前一种做法中，德育的内容范围显然大于后一种做法。但是，这还不是二者的最重要区别。我们可以注意到，教育机构中设立专门的德育工作者队伍以后，并不同时保证他们的工作专门指向德育。这固然是因为专职德育工作者的工作内容往往十分庞杂，但主要还是因为工作内容与服务目标之间的不匹配。换句话说，德育工作者从事的工作，固然可以命名为德育工作，但实际上未必是服务于学生的道德成长。如果我们认可这一点，那么在分析生态道德教育的目标时，就应该有意识地区分类型。

（一）道德目标

在规范人与人之间的关系方面，道德要求具有重要的作用。正是因为人有了道德要求，才使得人更具备人性。道德目标所传达的这一类要求，一般来说具有自己的独特之处。例如，道德要求一般是与人的健康和幸福、公正和权力相关；道德要求多是围绕着普遍的、非武断的问题作判断。为了说明这两个特点，可以以一些道德规定为例。

其一，道德与人的健康和幸福、公正和权力相关。道德要求我们不能虐待他人，包括不能虐待其他生物。一般情况下，普通人不仅自己不会虐待他人，而且也反对别人这么做。为什么呢？是因为国家法律的规定吗？并非如此。道德要求的力量，主要不是来自法律规范。表现为，我们不需要援引法律，作为自己道德控诉的根据。在面对违反道德规定的情况时，我们使用的一种有力的证据就是，虐待人是危害了别人的健康，危害了别人应享有的公正待遇。

其二，道德是围绕着普遍的问题作判断。例如，我们都知道不能打人。为什么呢？仅仅是因为学校规定教师不准打人，所以必须执行吗？并非如此。我们发现不仅学校里不准打人，在家庭生活中也不能打人；除了在中国社会不准打人，到了国外也不允许打人。伤害别人的身心，这在任何一个人群、任何一个社会，都不会被认为是一项好的行为方式。

道德目标的上述特点，使其可以与其他非道德目标作对比，可以帮助我们找到更适用的道德规定、道德规则乃至道德原则。以撒谎、偷窃、自私这些作为道德目标的例子，它们就是一些道德目标，而不是非道德目标。在义务教育小学阶段使用的《品德与生活课程标准》《品德与社会课程标准》中，我们能找到一些道德目标的规定，例如"珍爱生命"和"诚实"。另外，也可以借助这两项特征，对学科之外的学校工作所谓的道德目标提出质疑。判断依据是，只有具备这两项特征要求的目标，才是名副其实的道德教育目标，也是德育工作的真正核心所在。

(二) 非道德目标

　　规范人行为的，不仅仅是道德，还包含习俗、法律、政治要求等。以习俗要求为例，就与道德要求有不同的类目。习俗要求所适用的范围，一般是比较狭窄的，适用于特定群体的人；而道德要求，尤其是道德原则所适用的范围则是十分广泛的，甚至普遍适用于所有的文明社会。譬如，在某些场合保持安静，这就是一种习俗。在中国社会，在病房、教室需要保持安静，在茶馆、餐厅则不需要保持安静。保持安静的要求，就不是适用于绝大部分场合和人群。又譬如，面对欢呼时的致意手势，也是一种习俗。中国人面对别人欢呼时，是挥手致意；而在一些西方国家，人们面对欢呼的人群，会采用招手致意。可见一种手势意义的要求，也不是一般化的，并不适用于所有人。

　　另外，仍以习俗为例，习俗的规定一般都是武断的。也就是说，在现有的这种规定之外，还可以有其他的规定。这些规定，只要整个人群都接受，就不会对人的生活发生什么不良影响。仍以上述两个例子来说明情况。譬如，在中国的餐厅，中国人不讲究安静。但是，在一些考究的西式餐厅，就会讲究进餐者的衣着方式、声音大小等。但是，这并不显示哪一种就餐方式更好，它们对各自的文化、适用的场景来说都是良好的就餐礼仪。上述致意手势的例子中，无论是挥手还是招手，都可以起到向人群致意的功能。这说明不存在哪一种手势最佳的问题，重点是人们选择采用何种手势。

　　通过这两个例子，我们就了解了道德教育中的其中一类非道德目标，也就是习俗目标相对于道德目标的独特性。其实，除了习俗以外，法律、政治等方面的要求，与道德要求相比，也有十分不同的特性。当然，不同社会文化中，习俗、法律、政治要求的范围，也可能是不同的。譬如，在特定历史时期，对服饰的习俗要求，也会演变为政治要求。

　　在义务教育小学阶段使用的《品德与生活课程标准》《品德与社会课程标准》中，我们能找到一些不同于道德目标的规定，例如"了解有关祖国的初步知识"，"知道世界历史发展的一些重要知识和不同文化背景下人们的生活方式、风俗习惯。知道社会生活中不同群体、民族、国家之间和睦相处的重要意义。"区分一种教育目标是不是道德教育目标的标准，就是看该目标要求是否具备道德目标的特征。

《品德与生活》课程目标

一、总目标

培养具有良好品德和行为习惯、乐于探究、热爱生活的儿童。

二、分目标

（一）情感与态度

1. 爱亲敬长、爱集体、爱家乡、爱祖国。

2. 珍爱生命，热爱自然，热爱科学。

3. 自信、诚实、求上进。

（二）行为与习惯

1. 初步养成良好的生活、劳动习惯。

2. 养成基本的文明行为，遵守纪律。

3. 乐于参与有意义的活动。

4. 保护环境，爱惜资源。

（三）知识与技能

1. 掌握自己生活需要的基本知识和劳动技能。

2. 初步了解生活中的自然、社会常识。

3. 了解有关祖国的初步知识。

（四）过程与方法

1. 体验提出问题、探索问题的过程。

2. 尝试用不同的方法进行探究活动。

【资料取自：教育部（2002a）。】

《品德与社会》课程目标

一、总目标

《品德与社会》课程旨在促进学生良好品德形成和社会性发展，为学生认识社会、参与社会、适应社会，成为具有爱心、责任心、良好的行为习惯和个性品质的社会主义合格公民奠定基础。

二、分目标

（一）情感·态度·价值观

1. 珍爱生命，热爱生活。养成自尊自主、乐观向上、热爱科学、热爱劳动、勤俭节约的态度。

2. 在生活中养成文明礼貌、诚实守信、友爱宽容、公平公正、热爱集体、团结合作、有责任心的品质。

3. 初步形成民主、法制观念和规则意识。

4. 热爱祖国，珍视祖国的历史、文化传统。尊重不同国家和人民的文化差异，初步具有开放的国际意识。

5. 关爱自然，感激大自然对人类的哺育，初步形成保护生态环境的意识。

（二）能力

1. 能够初步认识自我，控制和调整自己的情绪和行为。初步掌握基本的自护自救的本领。养成良好的生活和行为习惯。

2. 能够清楚地表达自己的感受和见解，能够倾听他人的意见，能够与他人平等地交流与合作，学习民主地参与集体生活。

3. 学习从不同的角度观察、认识、分析社会事物和现象，尝试合理地、有创意地探究和解决生活中的问题。学习对生活中遇到的道德问题作出正确的判断和选择。

4. 学习搜集、整理、分析和运用社会信息，能够运用简单的学习工具探索和说明问题。

（三）知识

1. 初步了解儿童的基本权利和义务，初步理解个体与群体的互动关系。了解一些社会组织机构和社会规则，初步懂得规则、法律对于社会公共生活的重要意义。

2. 初步了解生产、消费活动与人们生活的关系。知道科学技术对人类生存与发展的重要影响。

3. 了解一些基本的地理知识，理解人与自然、环境的相互依存关系，简单了解当今人类社会面临的一些共同问题。

4. 知道在中国长期形成的民族精神和优良传统。初步知道影响中国发展的重大历史事件。初步了解新中国成立和祖国建设的伟大成就。

5. 知道世界历史发展的一些重要知识和不同文化背景下人们的生活方式、风俗习惯。知道社会生活中不同群体、民族、国家之间和睦相处的重要意义。

【资料取自：教育部（2002b）。】

　　区分道德目标与非道德目标，可以让我们有可能更专门地应对道德教育的问题。因为道德教育问题有相对独立、确定的知识基础。如果道德教育的目标指向，扩展到各种非道德教育目标上去。知识基础将变得漫无边界和难以掌握。更危险的是，适用道德教育的方式，未必适用于处理其他类型的问题。很多时候都不妥当，甚至会出现危险。在生态道德教育领域，其教学过程可以包含广泛的内容主题的教学。针对这些内容主题，可能设计出十分丰富的目标指向，但大部分内容主题还只是以间接的方式指向道德教育目标。根据上文的定义，道德教育目标是生态道德教育的实践特色之一。为了更好地达成这方面的目标，教师在设计一项教育活动时，首先要做的就是道德目标与非道德目标的区分。

二、道德教育目标的层次

（一）道德教育目标中的原则、规则、规定

　　在道德教育的目标领域，除了类型区分，还存在抽象程度的差异。例如，一些道德目标要求，可以直接规定我们在当前情境下该怎么做；另一些道德目标要求，就没有办法做出这么细致的约束或号召，而只是给我们提供一个一般性的行为选择标准。

　　根据涂尔干（1925／2001，pp.20－123）的观点，道德包含三个要素，分别是：纪律精神、对社群的依恋以及道德的自主或自决。根据这个概念架构，在个人自主之外，道德实际上呈现出一种相当矛盾的面孔：一方面，道德作为一种绝对法则，需要我们完全服从；另一方面，道德作为一种完美的理想，号召我们自发地追求着它。道德教育目标的抽象程度，实际上也表现为关键要素的区别：一类是以刚性的约束或号召为主，要求人绝对服从；另一类是以非刚性的面貌为主，吸引人自觉发生改变。

　　这样，我们初步找到了两个分析维度，分别是抽象层次和作用方式。这两个维度本身是相互关联的。一般来说，越抽象的道德要求，例如道德原则，往往缺乏对具体行为的约束，因此其作用方式往往是非刚

性的。与此相对，那些更为具体的道德要求，例如道德规定，就会对行为有极明晰的约束。对个人来说，许多道德规定都是以武断的面貌出现的。根据这两个分析维度，可以将道德教育的目标区分为道德原则、道德规则和道德规定三个层次。

(1) 道德原则

道德原则的定义很简单，从字面意义就可以理解。在作道德判断的时候，追本溯源依据的那些法则，就是道德原则。由于多个情境下的多种行为，都可能导向同一组道德原则。在实际道德生活中，甚至可能出现相互冲突的行为决策，却能援引同一套道德原则作为合理性依据的情况。所以说，作为行为的本源或根源的道德原则，本身具有极强的稳定性，数量也不会特别多。

根据这种描述，我们就得到了道德原则的几项特点：其一，道德原则是一般性的道德要求；其二，道德原则的数量相对比较少；其三，道德原则可以对应于不同的具体道德要求，即下文所谓的道德规则、道德规定。所附资料中"好品格的六个支柱"，其中的前五项就可以视为道德原则，即诚信、尊重、负责、公平以及关怀。

<table>
<tr><th colspan="3">好品格的六个支柱</th></tr>
<tr><th>项　目</th><th>图　示</th><th>具　体　内　容</th></tr>
<tr><td>诚信</td><td>TRUSTWORTHINESS</td><td>诚实无欺、不偷不盗
信守诺言
坚持做正确的事
保持名誉
对家庭、朋友和国家忠诚</td></tr>
<tr><td>尊重</td><td>RESPECT</td><td>尊重他人、服从金律
尊重差异
仪表整洁、不说粗话
考虑他人感受
不威胁、不伤害他人
冷静对待气愤、无礼和分歧</td></tr>
</table>

续表

项 目	图 示	具 体 内 容
负责	RESPONSIBILITY	做自己该做的事 坚持到底 争取最优 自律 思而后行、考虑结果 自己的选择要算数
公平	FAIRNESS	服从规则 有序共享 心态开放、倾听他人 不搞特殊化 不随意批评他人
关怀	CARING	对人友善 热情关怀 懂得感激 宽恕他人 帮助有需要的人
公民美德与公民身份	CITIZENSHIP	参与改进你的学校和社区 注重合作 做知情人、参与投票 做好邻居 服从法律规范、尊重权威 保护环境、利用资源

【资料选自：Character Counts（2009）。】

② 道德规则

道德原则是一般性的道德要求。这就说明，道德原则并不涉及具体生活领域。譬如，公平原则，就是一个广泛触及人类各个生活层面的道德要求。在实际生活中，人们在判断道德问题的时候，会采用更细化的道德法则。这些法则可以呼应特定的道德原则，同时又可以对具体生活领域具有较强的指导作用。这种指导向行为者提供了一些备选方案，但不具体干预个人的行为选择，此即道德规则。

　　根据这些描述，我们可以了解到道德规则的几项重要特征：其一，从抽象程度来说，道德规则要比道德原则更具体化。其二，道德规则的数量相对道德原则，显得更多一些。社会生活的每一个具体领域，都需要道德规则。其三，道德规则可以对应于不同的具体道德规定。所附资料中"好品格的六个支柱"，其中的前五项就可以视为道德原则。每一项的具体内容，就是道德规则。例如，在公平道德原则上，涉及公共生活领域要求"服从规则"，涉及个人生活领域要求"不随意批评他人"，在人与自然的关系上，则应补充"代际公正"的规则。实际上，在生态教育领域所谓的"新金律"，即每一代人在满足自己需求的同时，都不能妨碍后代满足自己需要（Bowers，1995）。这其实就是公正原则在生态领域内的具体化，是一种道德规则。

　　③ 道德规定

　　道德原则比较抽象，道德规则相比道德原则较为具体，而道德规定则是三者当中最具体的。道德规定是对具体情境中的行为选择，直接作出了规定。这些规定，可以援引道德规则和道德原则作为根据，说明其合理性。但是，一般情况下，个人不会对道德规定的正确与否作出反思，而是依靠习惯直接作出行为反应。习惯所遵循的就是道德规定。可以说，道德规定在行为者面前，表现为一定的武断性。一个外乡人或者我们来到一个陌生文化当中时，往往会发现一些让我们难以理解的乡规民约。这些乡规民约，土著居民则往往意识不到。出现这种区别，就是因为道德规定的特性使然。

　　根据这些描述，我们可以了解道德规定的几项重要特征：其一，道德规定十分具体，直接规定了行为者接下来的作为。其二，道德规定的数量更加繁多，针对同一个情境甚至有可能出现相互冲突的道德规定。其三，不同道德规定，可能援引同一组道德规则或道德原则作为合理性的判断依据。例如，针对公平原则来说，在商业活动中，包含"不刻意隐瞒""定价合理"，在生态保护上，就包含"不浪费资源""合理排放"等。

　　总的来说，道德原则、道德规则和道德规定是三个不同层次的道德目标要求。相应地，它们的作用方式也十分不同。十分可惜的是，在我国的道德教育传统中，还是强调非刚性的理想愿景，十分依赖道德原则层次的道德教育。

"尊重—尊重女性—女士优先""公正—代际公正—不浪费资源"。每一个道德原则，理论上都可以建立这种细化方案。其中，道德规则和道德原则之间，是多对一的关系；道德规定和道德规则之间也是多对一的关系。但是到目前为止，还没有看到过一份系统地对某个生活领域的"道德原则"提出的细化方案。结果，在实际的道德教育中，道德原则教育常常显得十分空泛和苍白，更不能深入到具体生活领域，不能对具体行为情境进行规范，很容易蜕化为理论推演和文字游戏；而道德规定的教育又显得过于刻板，没有某种一般化精神，也就是原则的指引，结果很容易蜕化为单纯服从精神的塑造。

我认为，可以将涂尔干所谓的道德的"法则"和"理想"两个要素联结起来。届时，对于道德规定的教育还是道德原则的教育，都十分有利。例如，可以帮助学生更好地理解道德原则对实际道德生活的意义，也可以帮助学生更好地由对道德规定的服从进入到对原则的思考上来。因此，在道德教育中，需要强调两种德育作用方式的结合。表现为两个层次的道德教育目标之间的互补。

（二） 生态道德教育目标的一般性与特殊性

对道德教育目标的上述层次区分，可以帮助我们进一步识别出生态道德教育目标的一般性与特殊性。其中，生态道德教育目标的一般性，主要体现在道德原则的层面；生态道德教育目标的特殊性，主要体现在道德规则和道德规定的层面。

① 生态道德教育目标的一般性

道德原则相比道德规则、道德规定要抽象得多，更具一般性。这种一般性，就意味着这些道德原则所使用的领域十分广泛。一种在生态道德教育中强调的道德原则，其实在其他教育领域也会得到强调。换句话说，基本的道德原则，是所有教育行为的共识目标。

同时，道德教育目标区分为原则、规则和规定，也暗示了同时一项原则可能会被多项道德规定援引，甚至是相互冲突的道德规定援引。例如，某不发达国家出卖了自己的矿山开采权。对竞标方来说，他们认为自己付出了费用，因此矿山的可能收益和污染，都符合公正原则。对转让国的土著居民来说，他们认为自己没有从矿山出售得到收益，并且还要承受矿山带来的污染，因此是不公正的。从表面上看，他们的推理都没有问题。但是，一般情况下，人们不会对道德规定进行反思，而是直接依靠行为习惯去生活。只是在多个道德规定相互冲突的时候，反思才会发生。这时候，人们一般会尝试援引更抽象的道德规定、道德原则，来说明自己道德选择的合理性。问题是，同一套道德规则或道德原则，可能为不同的道德规定提供论证。所以说，仅仅依靠道德原则，往往不能化解道德规定层次的冲突。虽然道德规则、道德原则，的确可以对一项一项的道德规定给出论证。这也间接告诉我们，在道德教育中仅仅教道德原则是不够的。有研究者报告说，在实践伦理学教学中的讨论，实际上教给学生一些错误的观念，认为所有的道德问题都是多方面的（Sommers，2002）。这种结果，实际上并不能改善学生的道德品质。其原因，就是只注重道德原则的应用，而忽略了道德规则层次的教学。

② 生态道德教育目标的特殊性

其一，生态道德教育的目标，主要判断自然对象的行为方式。例如，"废旧电池要集中妥善丢弃"，这是一项常见的道德规定。这条规定的重要依据是丢弃的电池对自然环境的坏影响。与之相关的更为抽象的道德规则可以是"人的行为不能危害自然"。在道德规定层面的这种特殊性，与更一般化的道德规则、道德原则教育并不矛盾。例如，某些化学品禁止使用，因为这种自由使用可能有害于子孙后代的生活。在这个问题上，对这些化学品的禁用是一条具体规定，但是通过教这条规定，我们实际上也在教代际公正的规则。在这个过程中，学生有机会了解到自己不是唯一被关心的人（Davies，2000），这就接触到了代际公正这一规则的基本内涵。

其二，生态道德教育，强调自然取向的思考方式。在面临多种道德要求，尤其是相互冲突的道德要求时，生态道德教育倾向于排除人类中心的思考方式，而是采用自然中心的思考方式。此时，自然是作为道德问题上与人平等的主体进入思考，并且这种思考还不是为了满足人类自己的实用目的。这时候的思考者，在某种程度上成为自然的代言人。这是生态道德教育目标的特殊性之二。

（三）生态道德教育目标示例

　　寻找不同社群的基本价值清单，是一项备受争议的工作。在教育领域，进行道德教育目标的遴选，也会面临类似境地。道德教育总是指向一定的道德要求，道德教育目标反映了教育者的价值偏好。道德教育在道德原则层面上的教育目标，总是与社会的基本价值一致。所以，我们不难判断，生态道德教育的目标，在道德原则层面上，是与整个社会的道德原则一致的，此即生态道德教育目标的一般性。

　　美国心理学家罗克奇（Milton Rokeach）将人的价值区分为终极价值和工具价值两类。其中，关乎理想的存在状态的是终极价值，其价值清单包括：舒适的生活、让人激动的生活、成就感、和平的世界、美好的世界、公平、家庭安全、自由、幸福、内部一致、成熟的爱情、民族安全、幸福、救赎、自尊、社会认可、真正的友谊、智慧。关乎行为模式的是工具价值，其价值清单包括：雄心、心态开放、有能力、乐观、整洁、勇气、宽容、助人、诚实、想象力、独立、聪明、理性、爱、服从、礼貌、责任、自我控制（Rokeach，1973，p.13，28）。罗克奇给定的终极价值当中，很多都与环境伦理学所提出的品格划分一致。

　　保罗·泰勒在《尊重自然》（Respect for nature）一书中提出了一种以尊重自然为基本态度的生物中心环境伦理学。在该书中，保罗·泰勒把尊重自然的好品格区分为一般美德和特殊美德。其中，一般美德又包含两个品性，即道德力量和道德关切。道德力量由八种良好品德组成，分别是：正直、诚实、忍耐、勇敢、自制、公正、坚定和勇担责任。道德关切由四种基本成分组成，分别是：仁爱、怜悯、同情和关怀。保罗·泰勒所谓的特殊美德，分别对应于他所提出的行为基本法则。其中，与不伤害法则相关的美德是体谅；与不骚扰法则相关的美德是尊重和公允；与诚信法则相关的美德是诚信；与补偿公正法则相关的美德是公正和公平（Taylor，1986，pp.198-218）。

　　参考这两份价值单，下文将选择其中涉及的几项道德教育目标略作阐述。由于当前在生态道德教育领域，远没有建立起"道德原则—道德规则—道德规定"的纲目体系，所以下面的教例并不是以生态教育作为内容主题。选择公正和关怀者两个原则，只是尝试表现"道德原则—道德规则—道德规定"在教育情境中的关联。

① 公正原则及其具体化

在当前中国社会，对公正的诉求，已经成为全民的共识，成为关乎社会安定团结的重要问题。为此，《国家中长期教育改革和发展规划纲要》中，已经将教育公平纳入工作方针。在第一章提及的道德认知发展阶段理论中，最高阶段的道德判断方式，也是以公正为取向。这个理论认为，能够以公正为判断取向的人，是道德认知水平最高的人。培养具有公正思维的人，被认为是道德教育的最高目标。根据这些考察，可以看到公正作为一项道德原则，在教育史上备受关注，同时也十分契合当前中国的国情。为此，我们选择公正作为"生态道德教育目标案例分析"的第一项道德原则。

下附资料"资源分配与公平"就是把公正原则进一步细化的课例。在这一课中，教师教的相关道德规则是"全球化背景中的资源分配"。涉及的相关道德规定包括：持续改进、互通有无、合作等。

资源分配与公平

目的：公正

年龄：11～13 岁

一、总述

公平概念很容易引发争议。我们经常感觉到"不公平"。本课旨在探索全球资源分配中的公平，以及如何增进合作改进决策。

二、材料

游戏币模板、大信封、7 支铅笔、4 把圆规、6 把直尺、5 把量角器、4 把剪刀、60 张纸

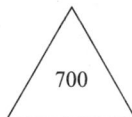

500	600	700
直径5cm	边长6cm	边长7cm

三、程序

1. 准备大信封，按照下列四种方案放入所准备的教学材料。信封的数量可以变动，但是要确保至少有一组信封的内容，同时包含以下四种情况。

方案1：3支铅笔、3把圆规、1张白纸、3把直尺、3把量角器、3把剪刀。

方案2：3支铅笔、1把圆规、4张白纸、1把直尺、2把量角器、1把剪刀。

方案3：1支铅笔、5张白纸、2把直尺。

方案4：50张白纸。

2. 班级分为4~5个小组。告诉每个小组，他们将会收到一张信封。他们在接下来的时候，只能使用信封里的东西，不能用自己原有的物品。

3. 告诉每个小组，他们都要利用信封里的东西，尽可能赢得多挣钱的机会。

4. 向学生演示如何挣钱。告诉他们，从纸上剪下来的直径为5cm的圆，价值500游戏币；边长6cm的正方体，价值600游戏币；边长7cm的正三角形，价值700游戏币。

5. 信封里东西不全的学生可能会问，没有剪刀、圆规、直尺怎么办？要求他们自己想办法，这也是活动的一部分。

6. 告诉学生，由教师充当银行。相应形状的东西切下来以后，就拿到教师这来存储。如果形状不对，就拿不到钱。要用模板确保形状准确。

7. 确保学生理解对游戏币的规格要求，告诉他们开始活动。控制好活动时间。

8. 如果必要，向学生解释他们必须相互交换，以便挣更多的钱。例如，拿到的全是纸张的那一组，将会意识到他们的资源对自己的小组很重要，能够用纸换工具。给学生一些时间，除非学生捣乱否则不加干涉。

时间到了以后，计数各组挣到的钱。获胜者就是挣得最多的那一组。

讨论在打开信封、听到游戏规则时，每一组有什么感受。可能第一个反映就是"不公平"。

要求学生分享他们如何、在什么时间决定交换物品。每一项工具，他们是怎么定价的。

询问学生是否认为这个活动代表了真实生活？将讨论引到与世界经济息息相关的自然资源上来。

学生将意识到，生活并不总是公正的，但即使在最糟糕的情况下，也要努力改善。另外，学生也会意识到合作的重要性。

相关课程标准：（略）

【资料选自：品格教育项目网站 http：//charactercounts.org。】

② 关怀原则及其具体化

当前中国社会，在发生巨大变革。同时，社会上也出现了一些价值偏离和缺位的现象。例如，一些人采取了不关心国家、不关心集体、不关心他人的漠然生活态度；另外，也有一些人甚至不关心自己的亲友、不关心自己的生命和自尊。甚至作为教育工作者的我们，有时候也会突然感觉到自己生活的社区正在变得陌生、疏离和冷漠。基于这些观察和考虑，道德教育需要把关怀原则增补进来。第一章提及的诺丁斯（Nod-dings，1995）最为人熟知的关怀教育理论，其实就是主要针对美国社会关怀缺失的问题。根据这些考察，可以看到关怀作为一项道德原则，在教育史上占有重要地位，并且同样十分契合当前的中国国情。为此，我们选择关怀作为"生态道德教育目标案例分析"的第二项道德原则。

下附资料"谁需要帮助？"就是把关怀原则进一步细化的课例。在这一课中，教师教的相关道德规则是"主动帮助他人"。涉及的相关道德规定包括：在父母做饭的时候帮帮他们、帮助弟弟妹妹穿衣服、安慰丢了玩具的小朋友等。

谁需要帮助?

目的：关怀

年龄：4～6 岁

一、总述

促使儿童考虑他人的需要，能够主动提供帮助。通过绘画或者文字记录下来，进一步强化这种主动助人的体验。

二、材料

1. 复印的学习资料

谁需要帮助？

1. 谁需要我的帮助？

2. 她/他需要什么帮助？

3. 她/他什么时候需要帮助？

4. 她/他为什么需要帮助？

5. 我怎么帮助她/他？

6. 我帮她/他的时候，是这样的：（在空格处画一张图表示）

2. 为每个儿童准备的工作纸

三、程序

1. 讨论关心人意味着什么？讨论时强调，关心别人不必等待别人开口，而是自觉自愿地做好事。

2. 一对一帮助儿童填写完成"谁需要帮助"。告诉儿童，想一想自己生活中谁可能用到他们的帮助。如果儿童想不到，老师可以提供一些建议，例如父母在做饭的时候、不会穿衣服的弟弟妹妹、丢了玩具的小朋友等，都可能需要帮助。

3. 帮儿童填好表格，如果儿童自己能填，就当做家庭作业。教师告诉他们，在帮过别人以后，就画一张画在上面，展示下当时的情景。对那些当做家庭作业的儿童，要求他们在对照着做了以后，再把资料交回学校。把这些填好的学习资料收集起来，儿童在一起分享。

4. 把这项活动常规化。儿童的学习资料交上来以后，再补充空白的学习资料表给她/他。如果儿童完成了一定数量的助人行为，可以在这个过程中提供奖励，例如一点儿好吃的零食或者好帮手勋章。

【资料选自：http：//charactercounts.org。】

三、生态道德教育目标的实践探索主题

通过追溯生态道德教育的国际、国内背景，可以认为生态道德教育既是对环境教育、可持续发展教育的一种突破，也是对现代道德教育的一种改进。根据本文对生态道德教育的这种定位，人向自然学习的态度，将是生态道德教育的主要实践特色。对道德教育目标的强调，将是生态道德教育的最关键理论特色所在。道德教育目标，是教师的关注重点。

通过对道德教育目标本身的类型、层次的分析，我们进一步明确了确定生态道德教育目标的路径。在目前，道德原则、道德规则和道德规定三个层次的目标划分方案，还没有形成一种普遍共识，在理论界还找不到这样一份聚焦某一个生活领域的，道德规范与道德规定的细分类目表。在生态道德教育领域更是如此。

正如生态道德教育的一般性与特殊性所描述的，缺乏对道德原则教学和道德规定教学都是一种伤害。实际上，广大道德教育工作者，在面对实际道德教育的问题，其实已经知觉地感受到了这种研究工作的重要性。例如，有的教师会感到德育工作十分重要，对学生品行上的一些不当趋势痛心疾首。但是，当他们自觉地要做道德教育工作的时候，又容易觉得道德教育是空洞无物或者刻板严厉的。其实，这都是把道德目标的某一个层面，误解为德育目标的全部，才出现的幻象。

为了更好地规避类似的问题，让生态道德教育能够找到一条可行的实践道路，本书将生态道德教育的目标体系界定为一个多层开放的体系。在这个体系中，有许多研究主题都有待于广大教师去探索。

① 对道德原则、规则和规定进行嫁接

如上所述，三个层次的道德教育目标，构成了丰富完整的道德教育目标体系。当我们在进行道德教学时，一定不能忘记，这些道德规定是由于一些道德规则乃至道德原则，才具有自己的合法性。因此，道德规定在教学中不能表现成一种武断的选择。在我们进行道德原则的教学时，也不能忘记，这些道德原则可以进一步细化，使之形成对具体生活领域起规范作用的道德规范。因此，道德原则在教学中不应该被表现为抽象、空洞。同时，在每一个生活领域极端复杂的各个行动情境里，也已经存在大量的道德规定，可以直接对我们的行为作出规范。

当我们的教师都具备这种立体的道德教育目标体系意识之后，他们的教育工作就始终是丰满的，有长远规划的，因而是系统性的。这种教育也将是调和个人自主与社群精神的一种尝试。这些愿景值得每个教师付出努力，去建立一套自己的"道德原则—道德规则—道德规定"纲目体系。

② 寻找以自然为对象的道德规则和道德规定

儿童生态道德教育的理论特色，包含人与自然关系的重新定向。人向自然学习的态度，不仅仅有助于处理人与自然之间的关系，还对处理人与人之间的关系具有启示。面向自然寻求智慧，而不仅仅是使用我们的智慧去探索自然，这种转向只有在我们进入自然以后才能进行。

我们已经知道，道德规则涉及具体生活领域，例如人与自然的关系，就明确涉及自然这个领域。道德规定更是对具体情境中的人类行为直接作出选择，与情境的联系更加紧密，例如不能浪费水。但是，无论是道德规则还是道德规定，都有指向更高道德层次的可能。所以，寻找以自然为对象的道德规则和道德规定，将是一种"人向自然学习"的过程，并最终也能惠及对人与人关系的处理。例如，让儿童亲近自然，在这个过程中，儿童可能了解到其他生物的价值、了解到自然与人相互作用的过程。这些学习的对象，概括来说就是处理人与自然关系时，应用的规定与规则。总的来说，这也是一个学习尊重生命、关爱自然的过程，有助于儿童初窥尊重与关爱的要义。我相信，有这种学习体验的儿童，在待人接物方面，也更可能表现出尊重他人、关爱他人的品质来。

第四章
生态道德教学的方法与模式

提　要

- 生态道德教学的方法，可分为传递信息为主的方法以及解决问题为主的方法。教师在设计教学时，最重要的步骤是方法的选择，而不是策略和技术的选择。
- 生态道德教学的备选模式，可以根据内容主题区分为四种。分别是单一事实的教学、冲突事实的教学、单一价值的传递和多元价值的取舍。

何谓方法？"方法"常常与"技术""策略"相混淆。表现为在讨论方法问题时，不同人所指的对象并不一致。例如，不同人甚至同一个人在使用讲授、讨论与价值澄清、品格教育这些概念时，可能都会把它们称为方法。但是，我们都知道，运用价值澄清的过程，一般同时包含了讲授、问答乃至讨论。所以，把价值澄清与讲授、问答、讨论，统统称为方法，在分类标准上是不妥当的，很容易造成混乱。因此，在具体介绍生态道德教育的方法之前，需要建立一致的方法定义。

按照巴斯（Barth，1990，p.25）的界定，方法是获取事实、概念的系统性路径；策略是实现某种方法的技术序列或组织；技术是实现这些方法所采取的活动。三者的关注点、相互之间的对比关系都各不相同。按照这一组界定，诸如是否使用小组讨论、是否使用表演，考查的就是教学的技术。这些技术的序列，例如在讲授前安排讨论，还是在讨论后进行讲授，就属于教学的策略。在方法、策略和技术三者之中，唯有在方法层面能反映我们教育工作的整体特征。从对教学的重要性的角度来说，应该是方法高于策略，策略高于技术。在日常生活中甚至在一些专业教育文献中，所谓的方法可能具有不同的属性，其中的一些所谓方法实际上只适宜被作为策略或技术来看待。

教学中的常见方法、策略与技术

常见方法	说　明
传递的方法	这种方法的特点是将事实、概念、规则等直接传递给学生。使用这种方法的教师，意图是直接给学生施加影响。
问题解决的方法	这种方法包括问题解决、意义检查、观察、事实和概念的探索等。使用这种方法的教师，其意图是希望学生学会处理问题，能够学会归纳或演绎的思考方法。
常见策略	说　明
启发	平常所说的"启发法"的关键，是在教学中注意调动学习者的积极性，教师不急于给出确定的信息、规则、结论。这两个特点，是许多不同教育策略的特征。因此，在"启发法"的应用过程中，应考虑到多种具体的技术，形成明确的策略安排，例如，演说—讨论—角色扮演—口头报告的技术序列。
灌输	平常所说的"灌输法"的关键，是在教学过程中不考虑学习者的学习动机和认识基础，直接由教师给出答案。这两个特点，是许多不同技术组合系列的特征。因此，"灌输法"可能应用到多种技术，形成不同的策略，例如，演说—小组学习—口头报告。
常见技术	说　明
演说	以一种熟练的、有计划的方式进行的口语表达。演说技术可以很方便地呈现信息，包含教师自己的思考过程。在教育工作中，演说几乎可以认为是最重要的一种技术，为了完成介绍、概括、分析等工作，教师都经常使用该技术。
小组学习	按照一定的标准，将班级区分为多个小组。每个学生都隶属于某个小组，以此增强学生对学习活动的参与和贡献，并最终促进学生学习。这里描述的技术，即分组技术。通过分组，学生可以主动参与到课堂活动中来。
角色扮演	鼓励学生通过在某个事件、某种情感中进行学习，这种技术就是通常所用的角色扮演。这种技术，可以强迫学生以积极主动的方式参与到所学内容的背景中去。提供了一种活跃的情境，学生要想完成角色扮演，就需要对情境进行解读，并在此过程中获得情感、态度等方面的体验。

常见技术	说　明
口头汇报	要求学生口头就某个主题作报告。这种技术可以提供给学生在全班面前锻炼口语表达的机会。口头汇报技术，可以是针对一些教师明确规定好的主题，也可以是教师即兴要求学生报告自己的生活经验等。
辩论	这种技术可以鼓励学生应用所学的知识。同时，它也可以帮助学生发展辩论的相关技能。辩论可以包含正式的方式，也可以采用非正式的方式。实际教育教学中，多数教师更多应用非正式的辩论。这种技术要求学生为自己的立场作辩护，其意图是教会学生进行正式的议论。

论及生态道德教育，我们首先对生态道德教育的方法基础进行介绍，随后才会具体提供一些策略、技术，作为教师进行教学设计时的参考。这样，一位从事生态道德教育的教师，在选择具体的策略、技术之前，首要的任务是确定好自己在方法上的倾向。对方法的选择，具有对教学策略、教学技术提纲挈领的作用。

一、生态道德教学方法的类型

在生态道德教育过程中所应用的技术、策略与方法，也从属于上述方法概念。这个框架意味着，对教师来说最主要的选择，是对教育方法的选择，而不是具体策略与技术的选择。因为，后两者是服务于教育方法的。在作出方法选择以后，教师就可以进一步对教育策略进行设计，最终涉及教育技术的选用环节。这时候，教学的基本模式就确定了。

（一）生态道德教育中的事实教学

1 事实判断与价值判断的区分

我们对世界的判断包含了事实判断与价值判断，这是两类性质不同的判断，其确定性程度有所不同。其中，事实判断可以通过事实陈述得到证明，价值判断则无法通过这种方式得到证明。例如，在生活中我们经常会因为一些涉及价值的问题而发生争执，但是在事实问题上较少发生争执。即使出现事实方面的争执，也比较容易通过澄清事实得到化解。一个十几岁的少年，为了追求时尚，把自己的头发染成金黄色。他的行为让一些老师觉得忍无可忍，认为这种发式太难看了。在这里，难看或者好看，就是一种价值判断。当我们判断说，金黄色的头发与多数中国人的头发颜色不一致，这就是一个事实判断。这种事实判断，不会遭到什么抵触。但是，当我们说，金黄色的头发很难看的时候，就是在进行一个价值判断，在不同人之间就很容易诱发冲突。这就告诉我们，事实判断与价值判断是两种性质不同的判断。

但是，在日常生活中，许多人往往会把这两种判断的性质等同起来。例如，有的人可能会有这样的说法：某某家的孩子不像话，把头发染成了黄色。这里实际上包含了一个缩减版的逻辑判断的过程。这个缩减版，没有把最重要的思考过程表述出来，反而是把最重要的思维跳跃省略掉了。乍看起来，这是一个完整的推论过程：头发染黄，所以不像话。但是，实际上这里面隐含了一个价值标准：好孩子不染发，染发不是好孩子。由于这种省略，在日常语言中，出现了一种假象，仿佛由事实判断的依据就可以直接得到价值判断的结果。而实际上，人们既不宜混淆这两类判断，也不宜由事实判断直接得到价值判断。否则，就可能出现所谓的自然主义谬误。也就是说，由事实如此，推断出应当如此行动，这是一个错误。

在道德教育过程中，有意识地区分事实判断与价值判断，是一个进步。由于这种区分，教师将不仅要关注道德事实，而是要把价值标准也纳入考虑范围。表现为，教师不仅热衷于教道德规定，而且还要补充道德规则、道德原则的教学。这样的道德教育可以超越道德规定的灌输、行为习惯的养成，允许道德行为规范的判断与选择的成分加入进来。例如，在我国的《中小学生守则》中规定，中小学生应该勤俭朴素。在不区分事实判断与价值判断的时期，我们可能会将这条规则等同于不挑吃穿、不打扮；在这里，一些事实性的行为描述，例如不打扮，等同于价值判断"勤俭朴素"。这中间，就包含了一个事实向价值的跳跃。"朴素意味着不挑吃穿"，这个命题在社会生活条件发生巨大变化时，就很容易遭遇挑战。例如，当人们的生活水平普遍提高时，"朴素"的意味可能就不再是吃穿的问题了。这时候，适当地追求美、适度地追求生活品质，也与朴素无碍。为什么"朴素意味着不挑吃穿"这个命题，会遇到这种质疑呢？就是因为，在教学朴素这个价值的时候，事实判断与价值判断被等同起来了。一项带有道德规则、道德原则意味的道德价值，被教成了道德规定。

② 事实判断与价值判断的关联

区分事实判断与价值判断，使得道德教育中允许学生对道德行为规范本身进行判断和选择。这是道德教育发展历程中的一大进步。但是，在掌握了这种区分以后，也出现了对道德教育的另一种偏向。因为道德教育主要处理的内容是道德行为规范，因此，容易将道德教育过程仅仅视为处理价值判断问题。在这里，道德教育过程的最重要元素被认为是对特定价值的珍视，也就是何种道德规范最值得遵守和保存。在这种道德教育过程中，事实教学和知识教学的部分被压缩了。重点放在了道德规范的教学上。可是，我们都知道，在没有充分信息和知识准备的前提下，对道德规范的选择是没有基础的。单纯地教道德原则往往难以进行，还需要具体化为特定生活领域的道德规则、具体行为情境中的道德规定。

在一些判断中，我们严格区分事实与价值判断。例如，有一对小夫妻，丈夫为妻子做了一盘糖醋鱼，得意洋洋地夹一块让妻子尝一尝。丈夫问："甜不甜？"妻子回答："甜"；丈夫又问："好不好吃？"妻子再答："不好吃。"这个情境中的对白，就用到了上述两类判断。甜不甜，是对菜的事实描述。换做别人，也可以回答这个问题。好吃不好吃，则是对菜的价值判断。换做别人就可能得到不同的答案了。显然，妻子在回答价值提问的时候，参考了自己的价值标准。

实际上，在日常生活中，我们很容易混淆事实判断与价值判断。在许多判断当中，我们很难具体甄别出判断的类型。例如，我们有时候听到人们在相互攻击时，会指责对方是个贼。"你是一个贼。"这个表述就很难判断是何种类型。既可以认为这是一个事实判断：表达了对方曾经在未经别人同意的状况下，拿了别人的东西；也可以认为这是一个价值判断：在说出这个命题的时候，就是在进行人身攻击，是表现了言说者不赞同的态度。所以说，在日常语言中，事实判断与价值判断往往并不是截然分开的。据此，道德教育中也不应忽视事实部分的教学。

③ 生态道德教育中的事实教学的类型

通过以上的分析可知，事实与价值虽然相互区分，但是也有相互关联。在道德教育中，相关的事实判断，会影响行为者的道德判断，甚至事实判断就蕴涵着价值判断。为此，在道德教育过程中，教师者需要在区分事实判断与价值判断的基础上，兼顾事实教学与道德教学。并且，由于事实的相关性、多样性、真实性也是造成价值冲突的根源之一。因此，事实教学也是决定生态道德教育品质的方面之一。正是基于这些深层的考虑，在划分生态道德教育的方法类型时，需要同时考察其事实教学的类型。

有学者（Sarkar，2005）概括了生态哲学的特点，有关生态问题的事实，并不是简约、单面、一致的，而是表现为复杂、多面、矛盾的特点。因此，在考察生态问题时，重要的事实往往不是简单、单面和一致的，而是复杂、多面甚至矛盾的。总的来说，就是事实上相关的方面可能比我们所认知到的方面要复杂得多。因此，划分生态道德教育事实教学的策略类型，可以从是否体现多样性的角度来进行。这构成区分生态道德教学方法策略的第一项根据。据此，我们将生态道德教育事实教学的策略类型区分为单一事实的教学和冲突事实的教学两类。

（二）生态道德教育中的道德教学

① 道德教学的独特性

（1）教育性是教育活动的要素

在日常交流过程中，我们会以不同的方式来使用"教育"一词。但是，当我们把一项活动称为教育活动的时候，我们通常是暗示了一些固定的倾向。例如，一个犯罪团伙教小孩子偷东西。我们看到这样的报道以后，一般不会认为这个犯罪团伙的活动是一种教育，而是更愿意用教唆这样的词汇来指称。我们为什么不愿意将这些活动称为教育活动呢？原来，虽然我们不一定了解专业的教育定义是什么，但是我们的日常语言中，在使用教育一词时，会坚持一些固定的意义。其中，十分重要的一点，我们通常会认为教育一定是使人向善的活动。如果一项活动本身是使人为恶的，那么我们通常不愿意称其为教育。

这种日常语言用法中的特点，概括起来可以称为教育活动的教育性，即教育活动一定包含道德的追求。教育性是一项活动成为教育活动的必要条件之一。这个特点，在教育专业领域得到了普遍认可。20 世纪 70 年代以后兴起的分析教育哲学，就以此作为教育定义的核心元素之一。分析教育哲学家们认为，教育性是教育与其他词汇，例如影响、灌输、教唆等，进行区分的关键。另外，对中国教育影响至深的苏联教育思想，也一贯认为教育活动一定得具有教育性的因素。诸如凯洛夫等教育学者，认为教育活动一定不仅仅是学习中性的科学知识，而是同时涉及为什么社会培养什么人的问题，教育活动一定具有阶级性。

（2）伦理思考是道德教育区别于其他教育活动的要素

认识了教育活动的教育性标准以后，下面的问题就变得复杂起来了：道德教育活动相比其他教育活动的特点是什么？在我们看来，二者并不能画等号。所有的道德教育活动都包含伦理思考，这是道德教育活动的独特之处。一项教育活动，也许对学生具有道德教育影响，但是，如果在活动过程中教师从未进行伦理思考，从未带领学生进行伦理思考，那么就不适宜被称为道德教育活动。例如，一所学校组织学生去观看电影《隐形的翅膀》。许多孩子看完电影以后都觉得自己深受教育。可以说，这项活动产生了教育性影响。但是，如果在观影之后，教师没有及时带领学生进行伦理思考，我们就不能将其称为道德教育活动。

② **道德教学中的伦理思考**

学校内外进行的道德教育，常常会被误解为一种主流意识形态的灌输。按照这种理解，道德教育的过程只涉及同一体系的道德要求。道德教育的目标，就是让儿童学会这一类道德要求。而实际上，儿童并不是以一种完全无知的状态进入课堂，他们常常是已经掌握了某种行动方案。

如果事实如此，道德教育将不仅仅是价值灌输的过程，而更多的是一个价值思考、价值选择的过程。在学龄期进行的道德教育，更重要的不是一种道德规定的灌输，而是教会儿童在多种道德规范、道德原则之间进行选择。在这个过程中，就涉及对价值的选择，甚至涉及在相互冲突的价值之间进行选择。当然，为了完成这样的选择，道德教育过程还是需要教学相关事实信息以及进行相关知识准备。这就与生态道德教育的事实教学类型建立了联系。

最终完成道德教育的目标，应强调事实与价值之间的联系，而不是区分。在教育中，事实与价值部分都得到了重视，而不是仅仅强调赋值的过程。与传统的对道德教育的理解不同，道德教育将不仅仅是对特定规则的珍视过程。也就是说，教师在道德教育中，不仅仅是强调具体道德行为规范。而是通过相关事实信息、知识基础的采集、准备，帮助儿童在不同道德规则、道德原则之间进行选择。在这种选择过程中，发展出对特定道德规则、道德原则的倾向性。

不论是哪一种伦理思考，其过程大致都包含这样一些步骤：选择相关的事实—选择相关的知识—使用这些知识决定行为—通过价值确立优先原则并对知识进行过滤—进行道德判断或道德选择并决定是否行动。从中，我们看到伦理思考在价值层面的差异，主要在备选价值是单一还是多样上。这构成区分生态道德教学方法策略的根据之二，为生态道德教育规划出了两种选择：其一，针对单一道德规范进行伦理思考；其二，针对多个道德规范进行伦理思考。

③ 道德教学中的人类中心取向和自然中心取向

环境伦理学认为，事物的价值可以区分为工具价值和内在价值（Brennan & Lo，2008）。这种价值划分，在一般的教育理论（杜威，1913 / 1994，pp.179－181），乃至一般的伦理学理论（麦金太尔，1984 / 1995，pp.229－256）中已经成为常识。根据这种划分，事物的工具价值是为达到某种目的；事物的内在价值才是自身具备的，不管它是不是其他目的的手段。例如，某种植物包含一些对人有药用价值的成分，或者对于观察者来说具有美学价值，那么这种植物就具备工具价值。如果这种植物具有另外一些价值，而不管这种价值有没有药用或者美学价值，那么这个植物就同时具有内在价值。一个具有内在价值的事物，意味着其自身是善的。更重要的是，道德主体有一种保护具有内在价值的事物不受侵害的责任。例如，生命就是这样一种具有内在价值的事物。所以，实际上为了爱情、为了自由，而放弃生命，在价值选择上都是不当的。

在面对多样甚至冲突的事实时，尤其是在面对多个道德规范的时候，需要在不同的事实和道德规范之间进行选择。这时候，行为者需要应用自己的标准进行"过滤"。根据上述两类价值的概念架构，我们就可以规划出在"过滤"过程中可以采用的两种基本取向。这两种取向，同时也是现代环境伦理学的一些重要概念架构。其中，人类中心取向认为，人只对人自身负有道德义务，人对人以外的其他自然存在物的义务，只是对人的一种间接义务。生物中心取向认为，人的道德义务的范围并不只限于人和动物，人对所有的生命都负有直接的道德义务；所有的生命都具备成为道德主体的资格（许广明、杨通进，2000）。对照来看，人类中心取向强调的是自然的工具价值，生物中心取向强调的是自然的内在价值。这两个取向，构成区分生态道德教学方法策略的根据之三。

（1）人类中心取向

在环境问题上，人类中心主义通常会认识到破坏环境不是内在错误（Brennan & Lo，2008）。之所以要保护环境，只是因为环境破坏，会破坏人类现在或将来的善；只是因为人类的善，必须依赖于环境。这种思考方式，能够促使人们更谨慎地对待自然，思考人与自然的关系问题。实际上，这是环境保护运动和环境教育诞生之初的主要思维取向。

但是，这种人类中心取向的思考方式，存在一些无法克服的缺陷。李奥帕德（1949/1999）曾经进行过这方面的议论。他说，完全以经济目的作为基础的自然资源保护系统，有一个基本弱点，那就是土地成员大半没有经济价值，野花和燕雀群就是如此。在威斯康辛州的两万两千种本土高等植物和动物当中，也许只有百分之五左右可以卖出、可以被当做饲料或食物，或者具有其他经济用途。大部分动植物，都没有经济价值。然而，这些动植物是生物群落的成员。如果生物群落的稳定有赖于其完整性，那么这些对人类来说没有经济价值的动植物便有权继续存在。

李奥帕德（1949/1999）进而分析说，如果一些不具有经济价值的事物受到了人类活动的威胁，而人类又碰巧喜爱这些事物，那么人通常会发明一些借口，使这些原本无关紧要的事物在经济上获得重要性。20世纪之初，人们以为燕雀群即将消失，于是鸟类学家立即展开抢救行动，并举出一些极不可靠的证据，例如，如果没有鸟类抑制昆虫的数量，那么昆虫将会吞噬我们。这类证据的特点是，证据必须具经济性，才算有效。总之，只建立在经济上利己主义的自然资源保护系统，是不平衡的、没有希望的。这种系统常常会忽略并最终消灭土地群体中许多没有商业价值，但对于其健全运作不可或缺的组成分子。李奥帕德（1949/1999）打了一个比方，这就好像在假设生物时钟内的经济性零件，可以在没有非经济性零件的情况下仍能正常发挥功能。李奥帕德所反对的这种完全以经济目的作为基础的自然资源保护系统，其问题的症结就在于采用了一种人类中心取向的思考方式。

所附"保护青蛙"，是一篇小学生作文。这篇作文中，透露了典型了人类中心取向的生物保护逻辑。在这种思路当中，青蛙为什么值得保护，因为青蛙可以吃害虫，对人类有益，是"益虫"。简言之这种论述的逻辑就是：对人类有好处，所以值得保护。在这种取向下，那些对人类没有直接作用，或者人类暂时还无法认识其作用的生物，就不在保护范围之内了。

保护青蛙

星期天，我和妈妈去菜场买菜的时候看见一个老爷爷在卖青蛙。青蛙在老爷爷的手中"呱呱"直叫，好像在哀求卖青蛙的人放了它们。看到这些，我心里十分难过。

老师曾告诉我们，青蛙是人类的好朋友，是庄稼的小卫士，更是害虫的天敌。一只青蛙，一天可以吃一百多只害虫。比如：小飞蛾、蚊子、苍蝇等。这是多么大的功劳啊！

青蛙是一种益虫。可是有些人为了赚钱，抓了青蛙去卖；有些馋嘴的人为了享受口福，去吃青蛙。这些人实在是太残忍了！如果我们大量捕杀青蛙，使害虫大量繁殖，灾难很快就会降临到我们的身上了。请保护我们的"庄稼保护神"——青蛙吧！

（2）自然中心取向

《庄子·秋水篇》说"以道观之，物无贵贱"。在这句话里，"贵贱"表达了一种价值上的高低差异。所以，这句话可以理解为：如果从万物原本的角度来看，而不要从人类的角度来看，那么万物原本是平等无差的。美国哲学家保罗·泰勒的生物中心伦理学中包含四种信念（Taylor, 1986, pp.99－156）：其一，人类是地球上生命共同体的一员；其二，人类与其他物种构成互相依存的系统；其三，所有的有机体都是生命的目的中心；其四，人类并不凌驾于其他生命体之上。这种生物中心的伦理学，基本的态度就是尊重自然。

在所附"印第安人的农业"当中，作者从地方知识的角度反思了印第安人农业耕作方式的合理性。这段文字，同时也传达了一种自然中心取向的自然观。其思维逻辑是：看起来不符合人类审美，或者不符合现代科学规划的农业耕作，也许恰恰在最大程度上模拟了自然、迎合了自然，因而也是可持续的、合理的。这样看来，这种耕作方式就不是以人类的工具价值作为目的，而是照顾到了自然的内在价值。

印第安人的农业

尽管第一眼看来没有任何秩序，但是当开始绘制花园图的时候，我们发现它们是按照一定的行列交叉种植的。有许多不同的当地的和来自欧洲的水果蔬菜：番荔枝、南美番荔枝、鳄梨、桃子、温荸、李子、无花果和咖啡灌丛。还有为了结果的巨大仙人掌，有一大株迷迭香、一棵芸香、一些一品红，还有一株攀援到一半的香水月季。还有整垄的人工种植的当地山楂，它的果实是黄色的，像是小号的苹果，做成的果酱味道很好。有两种玉米，一种早已结果，现在用来做刚刚开始生长的豆子藤爬的支架；另外一种比较高的正在抽穗。还有一种小香蕉类，它光滑的宽叶子在当地被作为包装纸用，或者用来代替玉米叶做玉米粉蒸肉（一种辣味墨西哥食品）。在它身上爬满了各种葫芦藤。佛手瓜在成熟的时候会有几磅重的富有营养的块根。有个时期花园的一端有一个小澡盆大的洼地，是刚挖出佛手瓜的果实形成的，这被用来汇集家中的垃圾和粪便做堆肥。在花园的另一端有一个用盆子和铁罐做的蜂巢。如果与美国和欧洲的概念相对应，这个花园同时是菜园、果园、草药园、垃圾堆放地和堆粪场，还是蜂场。尽管在陡坡上，但却没有水土流失的问题；土地表层实际全部被覆盖了，并且全年如此。在干旱季节，湿气能被保留住，同种的植物被插入的草木隔开，害虫和疾病很难从一棵植物传染到另外一棵。肥力被保存；除了补充农家肥以外，成熟的植物在没有用处以后也被埋在垄间。

欧洲人或欧洲裔美国人经常说，对于印第安人，时间是没有意义的。而对于我来说，这个园子是一个很好的例子，如果我们更深入地观察他们的活动就会发现，印第安人比我们更有效率地计划他们的时间。这个园子在不断产出，而任何时候只需要很少的劳作：当人们采摘南瓜的时候顺手拔掉几根杂草，当最后爬藤豆子被收获以后，玉米秸和豆子秧就被埋在垄间，几个星期之后，在它们上面就可以种上新的作物。

【资料选自：斯科特（1998/2004，pp. 377－379）。标题为编者所加。】

④ 生态道德教育中道德教学的类型

根据上述分析，生态道德教育中的道德教学，基本可以区分为两类：其一，教学的核心是传递，意味着传递事实、概念或概括。其二，教学的核心是问题解决或推理，意味着检验、观察、探索事实、概念或概括。一名教师，如果他的意图是直接给学生一些信息，就是在使用传递的方法。一名教师，如果他希望处理问题，能够使用归纳或者演绎的方法来思考与探索问题的解决办法，就是在使用问题解决的教学方法。当然，由于理论区分总是力求简洁，所以实际的状况在更多时候是综合了两种不同的方法。一般来说，一名教师如果演说、问答和讨论的时间占大多数，那么他就是倾向于传递的方法；一名教师如果强调发现、反思性探究，那么就是倾向于问题解决的方法。

二、生态道德教学的备选模式

根据对生态道德教育的梳理和定义，可以看到生态道德教育与环境教育、可持续发展教育相比，区别在于一定会指向明确的道德目标。但是，在现实的教育情境中，有一些主题活动并不会一次性完成，而是要在一个比较长的时段内完成。这些主题活动，虽然不是直接指向道德目标，但是间接服务于此。与纯粹的环境教育、可持续发展教育相比，从教者心目中带有道德目标，在教学过程中包含伦理思考的成分。为此，这一类主题活动，可以视为生态道德教育活动。

另外，根据对道德教育中技术、策略和方法的梳理，生态道德教育的方法主要包含了传递的方法和问题解决的方法。这两种方法，分别对应于一些教育策略。这些教育策略的变化，主要包含：是呈现单一的事实，还是呈现多样的甚至冲突的事实；教育过程中，是否有必要以及是否直接加入价值选择环节；在面对自然对象时，采取人类中心取向还是自然中心取向。由于具体的教育技术，乃是服务于教育策略和教育方法的，在对生态道德教育的模式进行划分时，不再具体描述。

菲柏和曼斯滕（Faber & Manstetten，2010，pp. 8－12）从是否加入哲学基础的角度，把环境教育区分为三种模式。其一，实用的、小步子方法：选择和识别一些被充分研究的环境两难问题。一般来说，环境教育都会选择这种方法。将自己限制在片段的非人类的自然以及相应的人类行为。例如：特定生态系统的生物多样性；特定地区的地表水质量；如何重新利用褐煤矿区；污染物处理技术；废物处理费用；二氧化碳排放税；环境友好的农业；环境教学、环境法、环境经济的质疑等。环境教育常常强调的都是这些具体的问题。据此，可以得到一些可信的洞见，以及一些直接可用的知识，尽管一些复杂的问题根本不能用这种方式来处理。其二，大范围、复杂的方法：将环境问题理解为一般的、全面的问题。主题讨论的范围涉及背景、相互关系，以一种发展的视角来为未来做准备。1972 年罗马俱乐部在《增长的极限》一书中首次使用。这种方法的缺陷是，其证据往往不那么精确，甚至可以导致相反的建议。其三，根本性的反思：这种教学包含分析我们诊断环境问题的基础，这涉及我们基本的观察、基本的假设、自我批评性的回顾和质疑。考虑我们为人与自然提供指引和解决方案所基于的标准、价值和期望。通过这样的教育，我们就能主动地面对混乱的知识结构，同时也认识到我们在很多方面的行动基础是相当脆弱的。这样，也允许我们细致地去看，我们真正知道什么，我们如何由自己的知识得到可信的有意义的指引。这个环境教育模式的分类，包含了上文所述的事实与道德教学两方面。其中，在事实教学方法，实用的、小步子的方法，属于单一事实的教学；大范围、复杂的方法，对应于多种事实的教学；而根本性的反思，视反思对象的性质，可以进一步区分，以对应于上文的道德教育类型。

这样，根据与教育目标的关系以及教育方法、教育策略，大致就可以将生态道德教育的主要模式规划出来。下图简要呈现了四种基本模式。其中，具备第二象限特征的模式，进行的是单一事实，无明确道德目标的教学；具备第一象限特征的模式，进行的是存在冲突的事实，无明确道德目标的教学；具备第三象限特征的模式，在单一事实教学之外，加入了价值学习的考虑，采用直接价值传递的方法；具备第四象限特征的模式，除了教学相冲突的事实之外，加入了教学多元价值取舍的环节。这样，考虑到解决价值冲突的问题时，所采用的问题解决方法不同，可以将第四象限的方法区分为"人类中心取向"和"自然中心取向"。

间接指向道德目标

| | 单一的事实 | 冲突的事实 |
单一 —————————————————————— 争议
| | 单一价值的传递 | 多元价值的取舍 |

直接指向道德目标

生态道德教学的备选模式图

  卡杜托（Caduto，1985，pp. 35－37）曾区分道德依赖型的学习者和道德自主型的学习者。其中，道德依赖型的学习者，粗略来说，即指小学阶段的儿童。这时候的儿童，还没有发展出比较高的认知和道德推理能力，也没有比较稳定的个人伦理系统。因此，这个阶段的环境价值教学，包含一些独特的元素：灌输积极的社会和环境价值，作为个体的一般道德教育的一部分；在每个个体身上发展一种包含爱和公正的伦理系统；培养每个个体的独立行为能力，即培养道德的、有教养的、能做出有意识的、关怀且负责任的道德决定；支持个体满足其最基本的人类需求，最终目标是自我实现；把关心社会的有能力、有意愿的人与环境道德问题联系起来。这些要素的共同特色是，比较注重灌输的策略和传递的方法。

  卡杜托所提的另一种道德学习者是道德自主型，这时候价值教学的对象是12岁以后的孩子。这时，受教育者已经发展出了比较成熟的道德推理能力，他们基本可以作为道德上自主的人来看待。这个阶段的环境教育的要素是：教师作为催化剂，帮助学生对自己和他人的社会、环境价值达到更广泛的意识和理解；支持人们把自己的个人价值与那些对社会和环境最有利的价值进行对比；基于爱和公正的原则，鼓励积极的价值和行为的成长；持续支持个人满足其基本需要，以便帮助他们导向这样的发展，包括自我实现、整合等。这些要素强调了道德启发的策略和问题解决的方法。

卡杜托的分类表达了这样一个事实。不同年龄段的儿童，在道德教学上，适用于不同的倾向。生态道德教育的教师，为了体现对儿童年龄特点的顺应，还应该努力帮助儿童由道德依赖型向道德道德自主型过渡。这就为上述四种备选模式规划了学生发展和教师努力的方向。

总之，四种不同模式的生态道德教育，共性是在教师心目中都有道德目标指向。区别是是否直接呈现道德目标，在教学策略上是否直接设计道德判断和选择的环节，以及采用了何种取向的道德判断来化解道德冲突。在本书中，我认为教师可以根据学生的年龄特点和发展基础，有针对性地选择相应的模式。但是，值得倡导的总方向是朝向第四象限。能够完成具备这一象限特征的教学活动，意味着教师的教和学生的学都已经达到了相当高的水平，教师和学生都需要相当程度的知识与能力准备。

（一）模式 1：单一的事实

这种模式的教育活动，是一系列生态道德教育主题活动中的一部分。在某一课的教学中，也许没有明确写出所指向的道德目标，但是在教师心目中，应该持有这样的道德目标，并将自己的教育活动间接指向该道德目标。

在所附"探索油污染"这则案例中，教师在"目标"栏中，没有明确写出本课的道德目标。但是，通过阅读整个教学计划，可以发现，这节课主要的工作是以一种直观和有说服力的方式，帮助儿童认识一种人类活动对外界的影响。因此，这个课例也可以使用在教学关怀、责任等道德原则上，或者更具体地说可以用在教学关心野生动物这样的道德规则、妥善处理废油这样的道德规定上。

探索油污染

年级：5～8 年级；学科领域：科学、数学、环境教育

时间：45～90分钟；规模：3～4个小组；场地：室内

一、目标

识别原油泄漏对鸟类的影响；

描述人类排放的污染物对野生生物、人类和环境的潜在负面后果。

二、方法

学生使用水、油、煮熟的蛋、清洁剂和羽毛进行实验和观察。

三、原料

食用油、浅底容器、滴管、放大镜、羽毛（天然的）、液体清洁剂（洗涤剂与水按照1∶100的比例配制）、熟鸡蛋

四、背景

环境污染的影响，常常难以看到。但是，一次大的原油泄漏，可以提供强有力的证据，来证明对野生动物的潜在危害。海岸线附近的原油泄漏，对环境的多个方面都会造成影响，既包含非生物体，例如水、海床、海岸线，也包括生物体，例如海鸟、海生哺乳动物、甲壳类动物。这方面的影响包括，破坏水鸟的羽毛、因为原油渗透而伤害胚胎、堵塞鱼鳃令其窒息、因为摄入原油污染过的食物而伤害水生及陆生动物。被原油沾染的动物，会试图清洁自己，在这个过程中，它们也会摄入致命的原油。

政府的漏油应急队以及相应的组织和工厂代表，已经准备了原油泄漏事故的应急方案。当泄漏事故发生时，应急队可以立刻投入运行。受训的工作人员通过浮子障碍试图让原油远离动物和湿地。他们试图通过迷惑和鼓励未沾染石油的动物，通常是一些水鸟，使它们转移到远离泄漏点的地方。

专门的救援和处理中心用来帮助受漏油伤害的动物们。被油污沾染的动物们，需要受训的专业人员在适当的空间、气流、温度以及冷热水条件下，去收集、清洗和康复。专业的鸟类救援组织通常在漏油事故之前就有受训的志愿者。非专业人员的努力可能会造成更多不幸，例如那些易受攻击的鸟类，由于惊吓和试图逃离，而受到进一步的伤害。使用清洁剂清洗鸟类羽毛上的油污的过程，也可能伤害鸟类羽毛的结构和排列，导致羽毛的防水性受害。

大规模的原油泄漏只是油类污染环境的一种方式。许多人在修理机车时，对废油的处理不恰当。他们将这些废油直接倒进排水沟、下水道或者地面上。许多人可能很意外地发现，他们及其邻居对自然的污染竟

然比大型公司更为严重。

原油泄漏只是可能对野生生物、人以及环境造成短期和长期影响的污染类型之一。过量的化学肥料、除草剂、杀虫剂，由农田流入江河、湖泊、湿地和近海。来自家畜、宠物垃圾、腐败物的细菌和营养基，也流入水源和动植物栖息地。各类土地，包含农业用地和建筑区的土地，也被污染了。这是我们水质的主要的面污染源（不能追溯单一来源），土地还经常承受其他类型的伤害。

本次教学活动的主要目的，是帮助学生检验人类污染对野生生物、人和环境造成的伤害。

五、过程

（一）将集体分为3～4个小组。每一个组要一个浅底锅，盛半满的水。加入1汤匙（5毫升）的油。观察水和油之间的相互作用。测量油覆盖的面积。每加仑相当于768汤匙（1升等于1 000毫升）。计算1加仑的油可能覆盖多大区域。使用这个结果，估算下列原油泄漏事故可能受到影响的区域大小：

1. 一辆输油车可携带8 000加仑（32 000升）

2. 一艘船可携带300 000加仑（1 200万升）

3. 一艘超级油轮可携带83 000 000加仑（3.32亿升）

与其他组进行讨论和比较。将估算的结果用图表示出来，并计算平均数。

（二）将足够的油倒入小型容器内，以淹没熟鸡蛋为准。放入鸡蛋。在光线充足的条件下，仔细观察。5分钟以后，取出鸡蛋，并进行检查。在剥壳的前、中、后进行观察。在剥壳的过程中，尝试去除油污。在15分钟以后，取出第二只鸡蛋。在30分钟以后，取出第三只鸡蛋。重复对第一只鸡蛋的操作，仔细观察。对观察结果进行讨论。油会对水面附近鸟巢里的鸟蛋带来什么影响？

（三）学生使用放大镜观察羽毛，并画出观察的结果。随后，将羽毛浸入水中1～2分钟，再次进行观察，并画出观察的结果。将这个结果与最初的观察结果进行比较。将羽毛浸入油中，保持1～2分钟，随后检验和绘图。将结果与前两次的观察结果进行比较。使用清洁剂清洗沾上油污的羽毛，在净水中漂洗并晾干。使用放大镜检查，并画出观察的结果。讨论羽毛在浸油前后、清洗前后的变化。这些影响对普通的鸟类活动会有什么改变？

（四）讨论原油泄漏对于鸟类的其他可能的影响。讨论也可扩展到其他野生动物、人类以及环境上。我们是否必须在石油和鸟类等野生动物之间进行选择？还有什么选择？还有哪些人为污染可能对野生生物、人类和环境造成负面效果的例子？对此，人们已经做了什么？还能做些什么？（备选题：每位学生撰写一份报告，综述实验发现，提出减少人类污染的行动建议。）

六、扩展

（一）各种油类都可能产生实验中出现的效果，包括食用油、发动机油、原油。可以加入实用色素，以便更清晰地观察实验结果。教师在使用发动机油、原油或者类似产品之前，要设计好废物处理的计划。废物包含油、受污染的水，以及清洗羽毛时使用的物品。由消费者排放到自然界的油类，比商业运输者排放的更多。借此机会，可以学会在你的社区如何恰当处置危险废物。研究当地有关油污处理的法律。

（二）联系当地的环保部门，考察何种形式的污染会影响你所在的地区。一名本地的野生生物康复工作者或者一名野生生物病理学家，将会提供有关附近的野生生物的一般性污染问题方面的专业意见。这些专业人士也可以对不适当地处置有毒物质对当地野生生物数量的影响提供信息。

七、水生扩展

原油泄漏对其他种类的水生生物有什么影响（如鱼类、哺乳类动物）？

八、评价

（一）原油泄漏如何对附近水域的鸟类繁殖产生影响？

（二）描述油类对于动物羽毛的可能影响。

（三）解释油类为什么会与水产生不同的影响。

（四）描述另外三种认为污染物对于人、野生动物和环境可能的负面效果。

【资料选自：关注野生动物教育项目网站 http://www. projectwild.org。标题为编者所加。】

🛒🏠(二) 模式 2：冲突的事实

这种模式的教育活动，重点在于帮助学生理解事实的冲突面。但是这种教学模式，并不注重事实冲突背后价值追求的冲突。

所附的"回避策略"这篇文章的作者，很敏锐地观察到人类在信息提供方面有意无意的"回避策略"。文章中说，儿童和成人日常接触到的食物来源信息并不全面。譬如，许多人直到成年以后，都会以为食物性的动物，在被屠宰以前一直得到人道待遇。又或者，一些原本残忍的过程，会被用一些幽默的、轻松的方式来刻画。这些信息与事实相冲突，或者只是代表了事实的一些方面。因此，所谓的"回避策略"，回避的就是各种相关事实的冲突。前述事实判断与价值判断的关系部分，已经表明信息不全面有碍人作出全面的判断，包括中肯的价值判断。例如，对食物性动物的片面了解，可能导致人们不把家禽纳入动物保护的范围。在教学中，帮助学生占有全面的信息，不回避包含相互冲突的信息，这有助于学生分析、应对矛盾情境。这种教学也是对单一事实教学的深化。

🛒📧🏠🔥 回避策略

不是很久之前，小孩子都是听童话故事长大的。故事里的动物——尤其是狼——总是被写成人类的狡猾对手。一个有代表性的幸福结局，就是故事里的英雄机智过人，趁着大野狼熟睡时把石头缝进它的肚子里，结果大野狼在池塘里淹死了。万一孩子们没有领会到这些故事的意义，他们还可以牵手唱起这样的童谣：

三只瞎老鼠，看它们怎么跑，它们朝着农夫的老婆跑。

她用剁肉刀，剁掉它们的尾巴。

你这辈子可有眼福见过，三只瞎老鼠？

熟悉这类故事和童谣的孩子，不会发现所学和所食之间的不搭调。可是到了今天，这类童话故事和歌谣业已过时不再流行，同时至少就儿童对待动物的态度来说，表面上只剩下了温馨光明的一面。这种情形产生了一个问题：怎么看待我们所吃的动物？

对这个问题的一种反应方式就是回避。儿童对动物的喜爱，可以往非食物类的动物身上引导：狗、猫或其他动物。这些动物，都是市区或者郊区儿童最可能见到的动物。柔软的填充玩具动物，通常都是熊或者狮子，而不会是猪或者牛。当图画书以及儿童电视节目涉及农场动物的时候，回避法会进一步施展，特意误导儿童对现代农场的性质产生错误的印象，避免他们知晓我们在第三章里所描述的现象。畅销书《农庄动物》是个好例子。在孩子看到的图片里，母鸡、火鸡、牛和猪身旁围绕着它们的幼儿，见不到任何鸡笼、畜舍、隔栏。文字部分告诉我们，猪在"饱餐一顿之后，到泥潭里打滚"。英国出版的书也传达了同样的乡间宁谧印象，例如畅销的"瓢虫"丛书中《农庄》一册就告诉我们，母鸡带着小鸡在果园里自由徜徉，别的动物也都跟崽子们住在宽阔的院落里。幼年读物如此，莫怪乎孩子们直到成年一直相信，动物虽然"必须"送命以便为人类提供食物，可是在那一天到来之前，它们生活幸福。

女性主义运动认识到了儿时形成的态度极为紧要，业已发展出一种新的儿童文学，让勇敢的公主有机会拯救无助的王子、让女孩扮演昔日唯有男孩独享的积极核心角色。

可是要改写我们读给孩子听的动物故事，就没有那么容易，因为残酷虐待并不是儿童故事的理想题材。不过，设法给孩子提供图画书和故事书，既避开最恐怖的细节，却仍然鼓励他们把动物当成独立的生命有所尊重，而不仅是可爱的小玩具，供人类娱乐甚至食用，应该是可能的；随着孩子长大，更应该让他们了解，大多数动物的处境并不是非常愉快的。困难所在，是吃肉的父母不会愿意让子女得知真相全貌，唯恐孩子对动物的感情会破坏餐桌气氛。即使在今天，我们也不时会听说，某个朋友的孩子在得知动物遭屠宰提供鲜肉之后，拒绝再吃肉。不幸的是，这种本能的反叛极可能遭受非素食父母的强烈对抗，而面对父母的反对，大多数儿童均无法坚守初衷，毕竟三餐来自父母，同时父母也警告他们若不吃肉就无法长得又高又壮。我们只能期望，随着营养常识普及，会有更多的家长了解，在这个问题上，他们的孩子可能比他们更明智。其实，受故事书熏陶长大的孩子，相信农场里的动物在安乐的环境下自由徜徉，竟然终其一生不许被迫修正这幅美好的图像，足以显示人们如今与他们所吃的动物隔绝到了什么程度。在人们居住的城镇与郊区不会有农场，而在开车经过乡间的时候，即使看到许多农场建筑与相对寥寥的动物在野地放牧，又有几人能够分辨得清谷仓与鸡舍？

在这个问题上，传播媒体也未曾善尽教育公众的责任。在美国，几乎每天晚上都有关于动物野外生活的电视节目（或者只是假定在野外——为了拍摄方便，有时候动物先被抓起来，再放到一个有藩篱的空间）；可是集约农场的影片却只能惊鸿一瞥，出现在偶尔播出的农业或食品加工"特别报道"里。一般观众对于猎豹和鲨鱼生态的知识，一定超过了关于鸡和小肉牛的知识。结果，看电视获得的有关农场动物的"信息"，大部分都是商业广告所提供，从荒唐的卡通例如急于被制成香肠的猪、努力跳进罐头里的鲔鱼，到美化了鸡饲养环境的各种滔天谎言。报纸的表现也未必高明。他们有关动物的报道以"人情味"的新闻为主，例如动物界里人猿产子，要不然就是濒临绝种动物受到威胁；可是某一项养殖技术的发展会剥夺数以百万计的动物的行动自由，报纸却只字不提。

【资料选自：辛格（1975／1999），标题为编者所加。】

🛒🏠（三）模式3：单一价值的传递

这种模式的教育活动，直接指向某一种价值。由于人的道德认知过程可能包含知识、情感、意志等多个方面，因此在设计这一类的生态道德教育活动时，也可以从不同的方面着手。

所附的"不存在完美的南瓜"本身是一份美国品格教育的教学计划。从中，我们看到教师如何利用对不同南瓜的学习，帮助儿童体验到"不以外貌取人"这一道德规定。正如教师在"教学重点"栏目明确写出来的那样，这一课所服务的总的道德原则是"公正"。

从这一课我们也感受到这种生态道德教育模式的特点。通过对来自自然界的事物的探究，获得一些带有启示性的原则、规则、规定。这些内容，将不仅适用于这些来自自然界的事物本身，而且可以启发我们学会正确的处理人与人之间关系的道德。换句话说，学生是在学习来自自然界的事物的过程中，逐渐理解这些道德原则、规则和规定，在这个过程中同时学会以平等的姿态对待自然界的事物，并反思人与人之间的关系。

不存在完美的南瓜

教学重点：公平

适用年龄：4～6 岁

适用学科：数学

一、总述

请学生设想万圣节南瓜灯的最佳尺寸该是多少，并且估算其周长。讨论不以外貌取人的重要性。

二、目标

（一）使用描述词表达物体的质量；

（二）通过测量物体的周长获得数据；

（三）画图比较所得到的数据；

（四）认同公平这一价值。

三、材料

不同大小的南瓜、线球、剪刀、尺子、稿纸、铅笔、橙色美工纸

四、程序

（一）向学生展示南瓜的图片（或者展示真正的南瓜），提问这些南瓜的特征（颜色、形状、质地、大小）。

（二）要求学生定义南瓜灯。解释什么时间、为了什么而出现的南瓜灯。

（三）描述下列片段：设想我们进行一次远足，去参观一小块南瓜地。你的任务是找到一个完美的南瓜，用来做南瓜灯。你的南瓜灯将用在万圣节那天。

（四）解释"周长"的意义。在向年龄较小的孩子解释这个概念时，画一个南瓜饼。演示圆形和球体之间的关系。

（五）把线球拿给学生，让他们按照心目中理想南瓜的尺寸切一段下来。让学生估计自己这段线头的长度。

（六）用直尺测量线头的长度，并记录下来。对于年龄比较大的孩子，可以考虑介绍不同的测量单位。

（七）让孩子们把自己的线头并排放在地板上，以便作比较。可以

考虑制作一张图，X 轴标上学生的姓名，Y 轴标上测量结果。对年龄比较小的孩子，可以考虑在呈现结果时，根据线头的长度，把他们的名字进行排序。

（八）要求学生投票选择，什么尺寸代表了最完美的南瓜。当学生表达自己观点的时候，讨论为什么不可能得到一致的结论。结论是：不存在完美的南瓜。所有的南瓜，或大或小，都适合用来庆祝万圣节。南瓜地里什么样的南瓜都有。

（九）向学生解释，保持开放的心态、不以相互之间的差异来评判他人，这是公平的一个重要方面。为了强化公平的概念，要求学生就他们学到的公平概念，写一段总结性的话。

（十）鼓励学生用美工纸做一个南瓜，什么尺寸都可以。让学生把自己写的话，放到纸南瓜里去。

（十一）在墙上或在布告板上，做一片班级南瓜地，把这些纸南瓜放上去。这可以提示学生，公平意味着欣赏每个人的独特性。

五、相关课标（略）
【资料选自：http：//charactercounts．org。】

（四）模式 4：多元价值的取舍

这种模式的教育活动，也包含对相冲突的事实资料的学习。但是，教育过程会进一步挖掘相冲突的信息背后的价值基础，并在教学中直接加入价值选择的伦理思考过程。

所附"采矿对环境和社会的潜在影响"，就可以改编成一则符合"多元价值的取舍"模式的生态道德教育课。资料中的表格，呈现了两个方面的信息；一方面，矿山的正常生产流程，包含哪些常规的工作内容；另一方面，这些常规工作内容，对周围环境和社会的潜在影响。有趣的是，这段资料中呈现的潜在影响中，虽然有一些可以通过有意识的控制，将影响降低到最小，例如燃料等污染物的排放。但是，更多的潜在影响，是正常的矿山建设和运作一定会遇到的，例如对动物栖息地的破坏。所以，对这个表格中相关信息的充分认识，很容易发现背后所存在的道德规定的冲突。这两种相冲突的道德规定，可以认为是"一切都应服务于人的需要"和"一切都应服务于自然生态保存"。在这个教学过程中，教师可以进一步应用不同伦理取向，包括自然中心取向和人类中心取向。

　　当然，道德规定层面的冲突，一般来说还比较容易解决，不容易出现真正的两难境地。因为，这种冲突有可能援引同一项道德规则或道德原则给予化解。例如，"采矿对环境和社会的潜在影响"这个例子中，两种需要都可以诉诸一条道德规则，即"照顾各方需求"。更抽象一点来说，甚至可以进行有关公正的讨论。

采矿对环境和社会的潜在影响		
阶　段	活　动	潜在影响
勘探	地上与空中勘察 钻孔与挖掘 爆破 建设勘探营地 筑路	栖息地丧失或碎片化 沉积物流失、地表水悬浮的沉积物增加 对野生生物和土著社群的干扰 对当地水资源的破坏 燃料等污染物排放 修路带来的殖民化 由于狩猎造成的物种减少
场地准备、矿石开采	建设矿井（去除植被、破坏土层） 建设矿井基础设施（电力供应、公路等） 建设车间、办公室、其他建筑 矿井营地的建设 形成废弃石料堆 形成高低等级的原料堆 矿石爆破 将矿石转运到破碎机处	栖息地丧失或碎片化 对地表、地下水的化学污染 减少物种数量 对陆生、水生动植物的毒害 地表景观的改变 用水需求增加 电力需求增加 腐蚀和沉积的加速 排水模式的改变 爆破产生的灰尘和气体 修路带来的殖民化 由于狩猎造成的物种减少
处理、熔炼	矿石的研磨 矿石的化学过滤、浓缩 矿石的熔炼、提纯	向地表水排放化学废物等 排放硫化物和重金属 电力需求增加

续表

阶 段	活 动	潜 在 影 响
运输	产品包装与装载 产品运输	噪声干扰 粉尘与气体污染
矿山关闭、 后期处理	矿山复种 修建废物堆放场地 隔离危险地区 追踪渗漏	持续的地表、地下水污染 长期、昂贵的污水处理 对有机体的长期毒效 丧失最初的植被和生物多样性 废弃坑道、矿洞对人的潜在危险 扬灰

【资料选自：Miranda，Burris，Bingcang，Shearman，Briones，La Vina & Menard（2003）。标题为编者所加。】

三、生态道德教学方法的实践探索主题

生态道德教育，可以借鉴已经发展得比较成熟的环境教育、可持续发展教育。同时，在近一个世纪的发展中，现代道德教育也已经积累了丰富的理论、经验和资源。本文提供的资源链接，显示在环境教育、可持续发展教育以及道德教育方面，都能够找到许多有益的参考。正如第二章所述，生态道德教育，既是对二者的超越，也是对二者的继承。生态道德教育的这种独特地位，规划了生态道德教学方法的实践探索主题，主要包含两点。

① **生态教育内容主题与道德教育目标之间的联系**

如上所述，生态道德教育面临的是两组异常丰富的教育资源。但是，如何在教育技术、教育策略乃至教育方法层面，将环境教育、可持续发展教育的内容主题与道德教育目标结合起来，将是等待实践工作者去探索的问题。换句话说，也就是建立向自然学习的意识，在带领学生学习有关内容主题时，能够发现相关的道德议题。这些议题可以通过对自然界事物的学习，得到恰当的理解。同时，这些议题又可以与人类活动建立联系。

② 以自然为对象的道德思考和道德思考教学方式

如上所述，生态道德教育的理论特色之一，是其与低龄儿童的心理特征相符合。按照皮亚杰的研究，低年龄儿童身上会表现"泛灵论"的倾向，把"生命"概念扩展到非生命体身上。例如，在较低年龄段，儿童可能认为天上的云是活的，因为它四处飘动。可以说，这时候把自然对象视为道德思考的对象，还是比较容易水到渠成的。许多小学低年级的教师会告诉孩子，"小草也怕疼"，以此来教育孩子们不要乱踏草坪。这种心理特征可以帮助教师完成生态道德教育的过程。因为这时候的孩子根本上是将周围世界、自然界中的万事万物，都视为与自己同等的地位。但是，这种便利，既不是持久的，也不符合教育的目标。随着儿童年龄的增长，"泛灵论"的心理特征会逐渐消失。生态道德教育过程，应该帮助学生在"泛灵论"特征逐渐消退的时候，仍能以平等的姿态对待自然对象。将自然界的万事万物也作为道德思考的对象。这种道德思考，对成人来说，已经比较遥远和陌生了。如何教这种思考方式，有待探究。

附录　教学资源链接

一、环境教育、可持续发展教育方面的教学资源

① http：//www. unesco. org/education/tlsf/TLSF/intro/uncofrm-0. htm

联合国教科文组织（UNESCO）领导的"服务可持续未来的教与学"计划。这是一项服务于教师的多媒体专业发展计划，由联合国教科文组织"可持续未来教育计划"提供。该网站包含了基本原理、跨课程实施的方式、课程主题、教与学的策略等版块。（使用的文字：英文。）

② http：//www. ens. gu. edu. au/ciree/LSE/MAIN. HTM

联合国环境规划署（UNEP）、联合国教科文组织亚太地区教育创新发展中心（UNESCO－ACEID）以及格里菲斯大学（Griffith University）项目网站。项目主题是"为了可持续环境的学习"。网站包含可持续发展教育的基本理论、全校协同的方法、实验学习、环境故事、地方知识、价值教育、探究学习、户外学习、问题解决以及评估等版块。（使用的文字：英文。）

③ http：//www. ceeonline. org/

包含的课程资源，都基于北美环境教育协会的优秀指南。可以依照学科、年级、所需时间三项条件，搜索适用的环境教育课程资源。（使用的文字：英文。）

④ http：//unesdoc. unesco. org/images/0009/000963/096345eo. pdf

《小学环境教育活动手册》（ICCE ，1992）可全文下载，适用于小学阶段。手册提供了一系列活动建议，包含概念、活动的选择，低成本的材料或设备的使用。这些建议可以根据学生的需求和本地环境的情况，加以调整、改造和丰富。这份文献的基本策略是，鼓励把环境用作活的实验室，充满了本土的、低成本的教育素材。

全书共分六章，标题分别为能源、地貌、空气、水、野生生物，以及亲社会或亲自然的积极行为。每一章包含 10 项左右的活动建议。这些活动建议，可能是观察、游戏或者设计，一项活动建议不仅限于一类。每一个建议，分为六个主题来介绍：概念（陈述将要说明的环境过程或问题）、背景（活动的背景介绍）、装备（原材料）、准备（如何装备基本的工具）、应用（有关工具使用的有用的小贴士）、改造（可以扩展活动的其他观念或方法，以及同一个基本主题的变体）。（使用的文字：英文。）

二、道德教育方面的教学资源

① http：//charactercounts. org/

包含大量教学设计，按照诚信、尊重、责任、公平、关怀、公民美德和公民身份来划分。各个教学设计一般包含目标、材料、程序、相关课程标准几个部分，详细规定了适用的年龄、学科，品德是教学的重点。（使用的文字：英文。）

② http：//www. goodcharacter. com/

包含大量的教学指导，涉及小学、初中、高中整个 K12 教育体系，每个学段都被按照诚信、尊重、责任、公平、关怀、公民美德和公民身份来划分。每一个品德项目中，包含讨论题、学生作业、学生活动等方面的建议。（使用的文字：英文。）

③ http：//www. character. org/

包含品格教育合作组织（CEP）获奖的课例。课例涉及小学、初中、高中整个 K12 教育体系。每个课例包含主题、核心价值、相应的

CEP 原则、预计时间、年级、教学目标、总括、所需材料、程序、评价、执教的教师、学校和学区名等信息。（使用的文字：英文。）

三、五个国家与地区环境教育经验借鉴

（一）澳大利亚

① 澳大利亚环境教育概况

澳大利亚实施环境教育已有 30 余年的历史，是世界上实施环境教育较早的国家之一。早在 1970 年，澳大利亚在首都堪培拉召开"教育与环境的危机"会议，明确提出"将教育作为解决当前严峻环境问题的主要途径"（Annette Greennall，1987），此次会议成为澳大利亚国内普遍开展环境教育的重要开端。

进入 20 世纪 80 年代，澳大利亚的环境教育逐渐系统化和正规化。澳大利亚尤其重视对少年儿童的环境教育，在中小学教育阶段，环境教育已经成为少年儿童的核心课程之一。在 80 年代末期，在联邦政府政策的推动下，澳大利亚各州开始以政策法律的形式正式将环境教育纳入正规教育之中。20 世纪 90 年代，在世界环境教育转向可持续发展教育的全球趋势下，澳大利亚的环境教育重新确立了为可持续发展服务的基本方向，更加重视教育在解决环境问题、创造可持续发展未来中的作用。进入 21 世纪以来，澳大利亚政府先后出台一系列的政策，分别从环境教育的理论与实践的各个方面进行了全面阐述，为全国中小学环境教育的全面开展提供了统一的指导框架。

从澳大利亚的儿童环境教育的目标来看，主要从以下几方面发展儿童的能力：

• 使儿童能够对社会、文化、经济和生态环境之间的相互依存性有所了解并作相关评价；

• 能够批判性地反思社会、文化、经济和生态环境之间的相互依存性是如何影响社区、工作环境以及家庭和个人的；

• 使儿童能够学习赏识和尊重环境的内在神圣价值；

• 培养儿童对环境的责任感和环境保护的道德意识；

• 教会儿童做一个积极主动参与的公民。

从环境教育的实施途径来看，学校教育是澳大利亚少年儿童接受环境教育的重要途径，而校外教育作为学校教育的重要补充，在儿童环境教育方面发挥着无法替代的巨大作用。户外的环境实践活动能够帮助儿童养成对自然环境的热爱，获得有关自然环境的知识。但是，单独的环境教育实践活动实际上还缺乏知识铺垫的系统性和连贯性，以及难以形成儿童的整体能力等缺陷。为了将知识教育和实践活动有机结合，帮助学生将环境实践能力和读写算等基本能力融为一体，澳大利亚学校创造性地实现了环境教育实践与课程开发的双向渗透。一方面将学科知识用于环境教育实践，另一方面又定期将在环境教育实践中获得的知识和技能充实到学校课程和教学活动中去。

②**澳大利亚环境教育的特色之处**

（1）可持续发展学校计划

2002 年，澳大利亚国家环境教育网络（NEEN）在全国推出"可持续发展学校计划"（Australian Sustainable Schools Initiative，简称 AS-SI），作为澳大利亚联邦、州和地方共同合作下的首个全国性学校可持续发展教育项目。该项目是将学校现有的环境教育活动和方法统合为一个整体计划，通过这一整体性的环境教育途径来培养学生可持续的生活方式，并且使整个学校能够在环境、经济、社会和课程等方面取得显著成果。项目学校都需要开发一个《学校环境管理计划》（School Environmental Management Plan，简称 SEMP），计划要围绕学校能源、水、废弃物、生物多样性等资源以及学校的景观管理等方面来设计，通过全员亲身学习和实践体验，来帮助师生形成可持续发展的生活方式，并且在与社区广泛合作的基础上，将这种可持续发展的生活方式推广到社区中去。由于澳大利亚的幅员辽阔和区域地理环境的差异，因此不同地区不同学校的校本实践活动也各有差别。

➤**案例 1：阿德莱德河小学**

阿德莱德河小学位于澳大利亚新南威尔士州的一个小镇上，是一所规模很小的乡村小学。这所小学有着较为悠久的环境教育历史，在校本环境教育实践方面，学校善于依据自身气候和地理条件以及学校需要，通过学校自然景观环境的建设和维护来深化师生对可持续发展的理解。例如学校组织全校师生植树种草来增加学校的植被覆盖面积，吸引更多的鸟类前来栖息；在能源利用方面，学校建立了能源审计制度，以减少学校的资源消耗量。此外，学校还开展园艺种植、废弃物收集、资源循环再利用、乡村清洁等环境教育活动来提高师生的环境意识，帮助学生形成可持续发展的行为方式。

> **案例 2：阿拉瓦小学**

阿拉瓦小学是位于澳大利亚北部郊区的一所城镇小学，学校拥有近200 名学生。学校在运作过程中，存在着不可持续发展和资源严重浪费的情况。在可持续发展学校计划中，阿拉瓦小学于 2004 年开辟了一处阿拉瓦农场，配备了专门的教师，农场成为儿童投身自然、获取亲身经验的重要场所，甚至成为学科教学的重要阵地，学校的很多课程都已经搬到农场中进行教学。学校利用农场为儿童开展各种各样的环境教育实践活动，例如饲养各种禽类、种植作物等。阿拉瓦小学还组织学校采用堆肥的方法处理部分生活垃圾，为农场养殖提供资源。目前，阿拉瓦农场已经成为学校进行环境教育的重要场所，学校各个年级都有与农场相关的活动，这也成为该学校重要的教育特色。

（2）环境教育中心

澳大利亚有着异常丰富的校外教育资源，儿童除了在校内接受环境教育的相关课程之外，大部分的环境教育都来自于澳大利亚国内的环境教育中心以及各种环境组织。

环境教育中心一直是澳大利亚进行环境教育的重要力量，在澳大利亚环境教育发展历程中占据举足轻重的地位。自 20 世纪中期开始，澳大利亚便开始建立各种环境教育中心和动物教育中心，主要目的在于促进、展示和示范环境教育。澳大利亚由于地缘辽阔，因此每一个环境教育中心都有自己独具特色的生态特征，从城市景观到荒野、从沿海到内陆、从热带雨林到牧场。所有的环境教育中心都以生态可持续发展为基本理念进行运作，配备了各种环保设备，如更新能源系统、能源再生设备等；此外环境教育中心还配备了诸如放大镜、显微镜、土壤检测网络、地球定位系统、气象站、太阳能装置、摄像机、音箱设备，图书馆等设备，便于教师及青少年儿童的参观、学习和实践。

澳大利亚儿童的环境教育实践尤其重视环境教育的实践性、开放性和资源的多样性，特别强调各级各类教育机构与环境教育中心的密切合作。环境教育中心可以为幼儿园、中小学提供的环境教育包括有：自然环境学习、社会环境学习、环境问题调查、参与环保行动、调查环境管理等。环境教育中心的活动，为幼儿园及中小学的环境教育提供了重要补充，帮助儿童达到了一些重要的环境教育目标，使儿童体验到了一系列不同的生活环境，得到了直接的环境经验并丰富了学习，发展了调查和问题解决的技能，获得了对自然和人类环境的理解和认识，从而能够分析并深刻理解人类活动对生态环境系统的影响。（祝怀新，2005）另外，由于环境教育中心人员一般都是经过专业训练的环境教育者，因此环境教育中心对教师环境教育的专业发展也发挥着重要作用。概言之，环境教育中心的教育功能主要有：

- 对所有的关键学习领域提供支持，为儿童提供户外学习基地；
- 与政府和非政府机构联系，协助设计学校和社区的合作环境项目；
- 在制订与实施环境教育计划时，为学校提供咨询和帮助；
- 为学校教师实施环境教育培训和发展课程；
- 开发在中心内外运用的环境教育项目；
- 帮助学校把关于环境教育理念与政策纳入学校的规划和管理中；
- 中心教师到学校帮助教师实施环境教育的课堂教学；
- 为学校提供咨询，指导学校利用当地资源开展户外学习；
- 帮助学校规划校园，使校园更加体现环境保护理念；
- 帮助学校实施专题环境保护项目和活动，如爱护土地、保护河流、景观设计等；
- 帮助学校组织大型环境保护公益活动。（NSW Department of Education and Training，2001）

  ➤ **案例：昆士兰州 Amaroo 环境教育中心**

昆士兰州共有 25 个户外环境教育中心，这些环境教育中心分布在昆士兰州各个地区，与当地学校相依，且在地理位置、自然环境、动植物等方面各有特色。昆士兰州的户外环境教育中心主要以"面向可持续发展的教育"和"尊重生物多样性"为主题，具体内容涉及森林、热带珊瑚礁流苏群岛、海滩、昆士兰的内陆及乡村、河口、淡水水域等方面。这些不同领域的环境教育活动都与学校的课程、团队建设以及学校的领导目标紧密联系，给儿童的环境教育和实践提供了丰富多彩的机会。

　　Amaroo 环境教育中心位于澳大利亚昆士兰州西南部的图沃柏学区。昆士兰州学校教育大纲所规定的核心学习领域是 Amaroo 环境教育中心设计和开发环境教育活动和项目的指导纲领，在此基础上，Amaroo 环境教育中心依据不同年龄段儿童的需要进行项目的开发和设计。下表为该环境教育中心为幼儿园及中小学生开发的一日活动项目。

一日活动	年级										最佳学期	地点
	P	1	2	3	4	5	6	7	8	9		
我们去野营吧	•										2、3	克莱顿
小溪旁的露营	•										2、3	莱利斯大坝
太阳和我	•										3、4 后期	学校
搜寻 Bunyip①		•									2、3	克莱顿
Scooby Dooby Cooby 大坝		•	•	•							1—4	科比大坝
什么是灌木丛			•	•							1—4	克莱顿
什么是废弃物				•	•	•					1—4	克莱顿
生物的特性				•	•	•					1—4	科比大坝
健康成长、健康饮食					•	•					2、3	克莱顿
用灌木制作一本书					•	•	•	•			4	克莱顿
雷文斯雨林漫步						•	•	•	•		1—4	雷文斯国家公园
安置巢穴							•	•	•		2 后期、3 早期	克莱顿

　　① 注：澳大利亚内陆地区的神话动物，类似于魔鬼。

续表

一日活动	年级										最佳学期	地点
	P	1	2	3	4	5	6	7	8	9		
聪明的废弃物							•	•			2—4	雷文斯国家公园
能源的使用效率							•	•		•	1—4	克莱顿
河流风光						•	•	•	•	•	1—4	科比大坝、莱利斯大坝

（资料来源：Amaroo 环境教育中心网站 http：//www. amarooeec. eq. edu. au。）

具体的活动内容如下表。

我们去野营吧	儿童通过亲身实践，学会为野营作准备，知道在灌木丛中需要注意哪些事项；告诉儿童如何注意观察周边的环境、保证帐篷以及自身的安全。
小溪旁的露营	类似于"我们去野营吧"，主要通过合作的形式对小溪周边的环境、动植物的生活习性进行考察。
太阳和我	儿童通过参加各类实践活动，帮助当地农夫解决鸟类啄食水果、庄稼的问题。在这个活动中，儿童逐渐形成对一些事物的理解，如太阳及其能量的流动、防晒、食用健康的食物、动物和植物的营养、生命的成长和循环、人类活动对环境的影响和保护环境等。
搜寻 Bunyip	这是一个团体性的探险活动。在这个活动中，儿童需要在灌木丛中寻找神出鬼没的澳大利亚魔鬼，一起寻找线索并解决难题，增强儿童的感官意识。活动所设置的每一个线索，都是以"关心环境以及生物"为主题的。
Scooby Dooby Cooby 大坝	这一活动主要是让儿童对当地环境及其保护有更深刻的认识。比如通过池塘取水，帮助儿童了解淡水生物、岩石泄洪道、带领儿童观察土壤的形成。通过带领儿童进行森林漫步，让儿童了解各种动物的居住习性，儿童经常还会遇见考拉。同时，通过对大坝参观，儿童知道 Cooby 大坝是市区的水源，鼓励他们参与水资源的保护。

续表

什么是灌木丛	这一项目主要是了解澳大利亚生物圈中各类生物的相互关系，特别是动物的伪装和食物链。
什么是废弃物	这一项目的主题是"减少废弃物"。活动突处废弃物循环的特点，对"3R＋1"① 展开讨论，活动还包括废弃物的分类、废纸堆肥、饲养牵引等。参加活动的小朋友还会享受到一顿完全无垃圾的午餐。
雷文斯雨林漫步	活动以讨论国家公园的目的为开端，然后儿童开始通过漫步对国家公园内树木的特征进行调查，此外儿童还需要对澳大利亚国内树木的使用情况进行一定程度的了解。
生物的特征	在大坝或河湾地区儿童首先对鸟类进行观察，然后沿着大坝观察那里淡水动植物的特征。
用灌木制作一本书	在这个项目中，儿童主要观察灌木造书的过程，并且协助进行一些印刷方面的工作。
健康成长、健康饮食	主要介绍有机菜园，包括堆肥、蚯蚓等。儿童还要自己动手准备午餐。
能源的使用效率	儿童通过小组合作的形式亲身观察能源的使用情况，包括的活动有： •能源来自哪里？有哪些能源？它们的用途有哪些？ •用科乐思模型简单建构一个太阳能供电模型。 •利用太阳能电池板和人工发电机，分别用最简便和最困难的办法来制作奶昔。 •计算每户的温室气体产量，儿童需要想出减少能源消耗的办法。 •使用 Powermate 来测量单个家用电器的耗电量。
安置巢穴	这一活动适合附近有灌木林的学校。活动主要安排在六月份，儿童首先要为负鼠、小鸟、蝙蝠等各种动物建筑巢穴，然后将这些巢穴安放在学校附近合适的地点。

---

① 注："3R＋1"指减量、重复利用、再循环和再思考。

续表

河流风光	通过对水生环境的监控，学生了解到保持水道清洁的重要性。具体活动包括： • 观察大坝：观察大坝基部的建筑特征，认识到大坝是一个地区的供水源。 • 池塘取水：观察池塘中生活的动物，判断池塘周围环境的好坏程度。 • 水的测试（7 年级以上）：学生通过仪器来测量水的不同物理特性，比如温度、盐度、PH 值和浑浊度等。 • 河岸评估（7 年级以上）：考察河流沿岸的植被以及它们是如何影响河流的水质的。

（资料来源：http://www.amarooeec.eq.edu.au）

（3）环境组织

➢ 案例 1　古尔德俱乐部

古尔德俱乐部是澳大利亚维多利亚州著名的非营利性环境保护组织，至今已有一百年的历史，是澳大利亚国内环境教育的创新者和领导者。古尔德俱乐部的环境教育实践，特别是面向澳大利亚儿童的环境教育实践对澳大利亚儿童的环境知识、技能、态度以及行为的养成发挥了巨大作用，取得了儿童、教师、家庭和社区的三个层次的卓越成果。澳大利亚全国每年有超过 100 万的少年儿童参加古尔德俱乐部的环境教育项目，仅维多利亚州每年就有 1 400 多所中、小学校、60 多万名少年儿童和 300 余名教师会参加古尔德俱乐部的各种教育项目[①]。目前，俱乐部开展的儿童环境教育项目主要有：儿童主题性短途旅行、多元文化学校菜园、气候变化承诺、学校景观设计项目、互动式可持续发展教育网站、整体学校可持续发展计划等项目。

①古尔德俱乐部的多元文化学校菜园

多元文化菜园是古尔德俱乐部在维多利亚教育和早期儿童发展部支持下，为维多利亚州学校开展的一个环境教育项目。这个项目巧妙地将

---

① 古尔德俱乐部网站 http://www.gould.edu.au/html/schools.asp。

社区服务、多元文化理解、园艺以及烹饪等多项活动结合在了一起，形成一个强调整体的、独特而又丰富的环境教育模式①。由于澳大利亚民族文化的多元性，澳大利亚学校的儿童也来自于不同的民族、国家和地区，这是菜园呈现出文化多样性特征的基础。在该菜园里，来自不同文化背景的儿童需要为菜园提供不同的物资，比如来自家乡的各种瓜果蔬菜种子。在菜园里，儿童通过与其他小伙伴的合作，一起将这些来自不同民族和地区的粮食、水果、蔬菜和香草进行栽培，并且定期进行护理。等到不同作物收获时，儿童再将他们自己种植的瓜果蔬菜收集起来，按照不同地方的饮食习惯做成各种传统食物。因此多元文化菜园为儿童提供了亲身体验环境的机会。

在这里，通过让儿童亲身体验和动手实践来学习有关自然环境的知识，感受自然环境以及其他物种，掌握了不同作物的种植技巧；通过让儿童体验劳动以及劳动带来的成果，帮助儿童认识到自然环境对人类生存和发展所起到的重要作用；通过儿童之间的互助合作，给来自不同地方的儿童提供了展示自己文化特性的机会，帮助他们认识到文化多样性，体会到文化差异所带来的好处，增进了儿童对不同文化的了解；通过儿童的亲身实践，创建了一个体现文化多样性的菜园并且开展烹饪活动，为儿童提供了健康的食物来源，也培养他们健康的饮食习惯。

② 古尔德俱乐部儿童主题性短途旅行

短途旅行一直以来是古尔德俱乐部的经典活动，俱乐部每年都会组织少年儿童进行不同主题的短途旅行。例如无脊椎动物之行、生命之水之旅、生物特性之旅、3R（Reuse，Recycle，Reduce）之旅等。依据不同年龄段儿童的特征，这些主题性的短途旅行分别有不同的活动对象。例如，无脊椎动物之行主要是为幼儿园至小学一、二年级儿童准备。儿童通过观察，亲身体验蚯蚓、蜗牛等小动物的奇妙之处，认识到它们对池塘、林地土壤、堆肥等的重要作用。而三、四年级的儿童则可以参加生命之水之旅、生物特性之旅以及3R之旅。这些丰富多彩、主题各异的短途旅行为儿童提供了亲身体验大自然、自我学习的机会，通过他们积极参与一系列的探究活动，获得了生动活泼的知识和经验，并且这些

① http://www.gould.org.au/html/multicultural_school_gardens.asp。

知识和经验还可以在学校学习和家庭生活中得以延续和运用。

除了与中小学校的积极合作，古尔德俱乐部在维多利亚州政府的资助下，还开创了"学生领袖"的环境教育方式，即选派儿童领袖成为环境保护理念和方法的小宣传员，将这些理念、方法或者小窍门带回家庭和社区，作为改变儿童、家庭和社区生活方式的新途径。

➤**案例 2：全球水环境教育网络组织**

全球水环境教育网络（Global Rivers Environmental Education Network）是一个非营利组织，通过倡导以行动为基础的环境教育项目促进社区积极参与地球水的保护并培养人们的可持续生活方式。该组织的工作人员是专业的环境教育者，他们提供的直接以行动为基础的项目可以直接纳入学校的课程领域中。这些课程包括：健康和体育、科学、地球和环境科学、地理等。具体来说，全球水环境教育网络的活动有：

- 帮助学校制订污染防治计划。
- 采取行动："儿童、企业和小河"。这是一项旨在帮助学校与当地政府、工业企业和社区共同合作采取保护当地水资源的行动，到目前为止，该计划已经有一百多所学校参加。
- 地球公民，地球联系："我们的地方"。这是一个交互性的环境教育项目，主要运用网络把澳大利亚参与此计划的学校与世界其他地区的学校相联系，并与世界上的主要河流联系在一起。通过参与该计划，学校可以开展以下几个方面的活动：调查当地环境、运用网络与其他国家和地区的学校进行经验交流、通过第一手资料了解世界各地的环境、进行水质量的检测等。（NSW Department of Education and Training，2001）

除了环境教育中心和环保组织，澳大利亚社区也积极参与环境教育活动。例如温室行动计划（The Greenhouse Action Program，GAP）、烟雾管理者项目（Smoghusters）等。实践证明，这些机构既促进了儿童环境教育的发展，也对社区的环境管理和可持续发展发挥了重要作用。

（二）德国

① 德国环境教育概况

德国是世界上环境质量最好的国家之一，这与德国公民高度的环境意识和环境素养密切相关。在全民关注环境的背景下，德国政府、社会、校内外教育机构和家庭尤其重视对少年儿童的环境教育。儿童的环境教育成为德国公民环境教育体系中的最主要部分，校内外所有教育机构必须实施环境教育，面向全体儿童的环境教育成为德国环境可持续发展的重要保证。

从环境教育的目标来看，德国社会对环境教育的认识经历了一个漫长的变化过程。早先的德国环境教育认为"只有孩子掌握了环境知识才会保护环境"，但是最终人们发现，"只有孩子热爱环境，才会保护环境"。基于这样的认识，人们对"环境"的理解已经远远超越了"自然"的局限，不再仅仅强调人类活动对自然环境的破坏，主张减少人类对自然的干预以保护自然环境。特别是在世界环境教育转向可持续发展的新方向之后，德国的环境教育不再单单强调对学生传授"关于自然"的知识，培养儿童对自然环境的认识、对环境问题的了解。环境教育的理论和实践跨入了一个新的视野：即环境教育是一种环境综合素质教育，要培养青少年儿童对环境知识的把握，更重要的是要培养他们对环境的热爱，培养他们的环境意识，培养他们形成尊重自然、保护环境的价值观、道德感和责任感，最终形成有益于环境的行为模式。

从环境教育的实施途径来看，德国中小学除了在校内通过学科教学和校园日常生活对儿童进行环境教育之外，还非常重视儿童的户外活动。户外教学法目前已经成为德国进行儿童环境教育的一项重要方法。教师经常精心策划，带领儿童到森林、公园、田野去接触大自然，认识和探究大自然，既帮助儿童获得有关大自然的知识，又培养了儿童欣赏自然、热爱自然的情感。为了有效促进学校开展户外儿童环境教育活动，德国建立了一系列环境教育中心，作为对儿童进行环境道德教育的校外资源；原有的公园、博物馆、国家森林等机构也发挥着儿童环境教育的职能，共同构成儿童环境教育的完整体系。

② 德国环境教育的特色之处

(1) "半半"（FIFTY－FIFTY）项目

"半半项目"是汉堡市教育部门倡导实行的，旨在为学校节约能源和资源，自实施以来已经在德国中小学中广泛掀起节约能源、减少废弃物的环保运动。实施"半半项目"的学校通过教育学生爱护自然、减少浪费为教育行政部门节省相关的开支，教育行政部门则将节省下来的费用中的一半作为奖金奖励给学校，学校可以自由支配所得经费。

"半半项目"的主要内容是在日常生活中注意节约水、电、热等能源。在实施"半半项目"的学校中，随处可见不同种类、不同形状的垃圾桶，所以垃圾都必须分类处理，回收可利用资源；教室或者走廊的电灯开关旁边、水龙头边都贴有提示牌，时刻提醒师生节约能源；教科书也实现了循环利用，上一届学生用完后，学校收回，再发给下一届学生用。有些学校学生还用测光仪测验证明教室内原有照明设置使用的数量，用仪器测自来水的最宜流量，用亮色粉刷墙壁以增加亮度和节能等。此外，学校在校园建设上也以"高效、实用、够用"为原则，注重学校资源的有效配置。通过这项活动的开展，学生、教师、员工养成了随手关灯、关水龙头等良好习惯。项目开展的第一年，汉堡市有 24 所学校参加了这项活动，当年便节约能源约 422 000 马克。这些钱的一半作为奖金奖励给了学校，这些奖金又被学校用来添置了节能设备，进一步开展环保活动。例如德国柏林的阿斯卡内什完全中学，该校参与了"半半项目"，学校 12 年级的学生，第一学期在物理老师的指导下学到了一些日常生活中所耗费的能源以及德国拥有哪些能源；在第二学期，一组学生用测光仪对教室进行测光实验，证明教室内原有的照明设施只要使用一半的光线就足够了，于是他们倡导全校所有学生、所有班级平时在室内需要开灯时只开一半的灯，这一活动使学校在 2001 年度中共节约了 30% 的电。另一组学生则带领 8 年级的学生一同讨论如何通过节约供暖来节能，他们使用温度计对教学大楼内的温度情况进行了测量并作详细记录，提出并实施能源节约方案。该小组的活动由学生自主操作进行，高年级起到了指导低年级的作用，活动的一个成就是使学校领导知道大楼中什么地方供暖过度，什么地方无须供暖等。这一节能活动是物理课的一部分，学生在活动中进一步掌握了供暖系统的原理，有效地将理论与实践相结合。（祝怀新，2005）

"半半项目"是德国儿童环境教育中一个非常典型的项目，这种渗透式的环境教育能够潜移默化地深入到儿童的内心世界，让青少年能够从小树立起对环境保护的负责态度，自觉地约束自己行动，养成良好的环保习惯。它十分有助于儿童用生态的、经济的和社会的眼光理解可持续发展的概念。

(2) 环境教育中心

德国几乎每个市镇都有类似环境教育中心的机构。它们一方面承担着培训中小学以及幼儿园教师的任务，另一方面也为学校提供了良好的户外环境教育实践场所。环境教育机构每年会给学校提供一份菜单式的活动计划，不同层次的学校可以根据自己的需要选择活动内容，并在约定的时间带孩子们去听由环境教育中心等机构配备的专业教师讲课。对于年龄小、对生活经验依赖性强的儿童来说，这些机构采取的直观、生动、综合、互动的活动方式往往能取得良好的教学效果。环境教育中心不仅能让学生亲身体验生态环境，形成环境情感，同时，学生生活于其中，还有助于培养他们的团队协作精神和劳动观念等。（祝怀新，2005）

➤ 案例 1

法兰克福的环境教育中心主要是让儿童观察动物、体验种植过程、食用有机蔬菜以及学习如何减少浪费等。环境教育中心有真正的蜂窝和鸟巢，可以供儿童考察和学习。环境教育中心还配备了专业的教师进行极富人性化的讲解，同时还提供严谨、科学的文字资料，不同年龄段的儿童都可以获得其所需要的知识。环境教育中心的活动设计都是以儿童的年龄特征为重要的设计依据。例如让儿童蒙上眼睛赤脚走过铺有泥土、石子、松子等不同材料的地面，并用手触摸旁边的植物，让他们说出它们的名字和特征。类似的活动充分考虑到儿童的好奇心和求知欲，大大提高了儿童参与的积极性。

➤ 案例 2

卡塞尔的水实验中心也是一个学习自然环境知识，联络人与自然之间感情的好地方。这里展示了以水为主题的各种设备和装置，比如水的循环净化系统模型，水流冲击堤坝导致淤泥堆积的模拟装置以及水车将水由低处引向高处的模型等。实验中心还配备了齐全的水桶、捞网、放大镜等，儿童可以捕捞、观察各种水生物；实验中心还设立了琳琅满目的工具间，供儿童动手探索自然的奥秘；还有儿童自己亲手建造的"昆虫旅馆"，吸引了各种各样的昆虫前来安家落户。实验中心的设备和装置处处体现了"以人为本""以儿童为中心"的指导思想。（王盈盈，2007）

➤**案例 3**

犹克威克探险湖是由德国绿党支持的一个环境保护组织建立的，作为柏林及周边地区中小学进行户外教学活动的环境教育中心。此地是建于 1871 年的德国第一个自来水厂的旧址，里面还保存着初创时的全部设备，学生可了解当时自来水的整个生产过程。该环境教育中心还有树林和小湖泊，树中和湖中有各种小动物，如青蛙、昆虫等，有用玻璃隔开的可视蜜蜂窝，还有野外烤面包炉等。

➤**案例 4**

奥普霍芬自然博物馆位于德国勒沃库森，是德国著名的以环境可持续发展教育为主要职责的博物馆之一。该博物馆建馆 25 年来，馆内专业的教育工作者一直致力于为德国中小学生以及来自幼儿园的孩子提供丰富多彩的教育服务。奥普霍芬自然博物馆内设有一处名叫"城市的能源"的儿童博物馆。儿童博物馆的主要任务在于通过各种互动式的展览以及项目，为儿童以及家庭提供与自然接触的机会，让儿童以及家庭更多地了解和认识大自然。在儿童博物馆 1200 平方米的展厅中，大人和儿童通过一种以玩耍为主要方式的学习机会，亲手制作展品，体验人与人、人与自然之间的互动关系。例如在"能源站"儿童可以进入太阳能实验室进行各种有趣的实验，或者通过时空机器进入到未来，儿童在这样的活动中能够体验到节约能源所带来的乐趣。儿童博物馆各类活动的目的在于帮助儿童理解和认识自然，热爱他们所居住的环境。这些课外的学习和活动经验能够有效地帮助儿童以及家庭培养正确的生活方式和行为习惯[①]。

（3）环保组织

➤**案例："绿色之城"（Green City）**

"绿色之城"是德国慕尼黑市的一个民间环保组织，建立于 1990 年。该组织以为慕尼黑市创造绿色的生活环境，为慕尼黑市民改善其生活质量为宗旨，并将儿童的生态环境教育作为工作的重要组成。"交通和城市规划"以及"气候变化"行动是该环保组织长期进行的环保活

---

① German Commission for UNESCO. Learning Sustainability：UN Decade of Education for Sustainable Development（2005－2014）. Stakeholders and Projects in Germany，2009：196。

动，期望通过鼓励市民减少私家车以及家电的使用等方法，达到减少温室气体和汽车尾气排放的量化目标。"步行巴士"便是在这两项长期活动背景下，受慕尼黑市政府的支持，专为少年儿童设计的环境教育活动。

对于大多数慕尼黑家长来说，基于舒适和安全，开车送儿童去上学是理所当然的事情。但是"绿色之城"认为这不仅会造成交通拥堵，而且也剥夺了儿童锻炼其独立性的机会。在慕尼黑市政府的支持下，该组织开展了"步行巴士"活动，鼓励儿童结伴步行上学，一方面帮助儿童熟悉校园周边的环境，另一方面帮助儿童养成正确、安全的交通行为。每辆"步行巴士"中一般搭乘 5 至 8 名儿童，并且有一名成年人护送，通过预先设定的路线步行至沿途预设的巴士站，巴士按时在预设站点接送儿童上学。护送儿童上学的成人一般是其中一位孩子的家长，并且家长们需要轮流护送。"步行巴士"一方面保障了儿童上学路途的安全，同时也解决了部分家长接送儿童上学在时间上的诸多不便。到目前为止，"绿色之城"的"步行巴士"活动已经开展了 4 年之久，数十所学校参加。儿童通过步行和乘公交车的方式往返于家庭和学校之间，一方面自身的独立性大大提高，另一方面也对如何身体力行的保护环境有了深刻的体会，更加增强了儿童的环境意识和责任感。

（三）香港

① 香港环境教育概况

香港是世界上人口最稠密的城市之一，同时也是世界著名的经济中心之一。第二次世界大战之后，随着香港人口的剧增，经济和工业的迅猛发展，自然资源的逐渐匮乏，使香港面临着严重的环境问题：各类形式的污染、生态破坏和过量自然资源的消耗，都对自然环境造成严重的破坏。20 世纪 80 年代，在国际环境教育事业蓬勃发展的趋势下，环境教育的概念才被引入香港，环境教育逐渐为社会所重视。

香港早期的环境教育一直处于自发和零散的状态，缺乏政府的政策支持，环境教育的发展远远落后于西方发达国家。随着香港环境问题的不断加重，香港政府逐渐意识到环境教育的重要性；意识到广大青少年应该成为环境教育的主要对象。于是自 1988 年，香港成立香港环境教育中心，并将环境教育正式纳入正规教育中，意味着香港环境教育开始了新里程。但是，香港早期的环境教育仍然比较注重自然环境生态方面的教学，忽视了培养人尊重环境、爱护环境的态度和价值观。许多教育家不满于学校仅仅传授一定环境知识的简单做法，提出培养学生全面的环境素质的要求，即环境教育应该使学生从政治、经济、科技、道德及社会等不同角度去考虑环境问题。1999 年，香港颁布《学校环境教育指引》作为全香港地区幼儿园及中小学儿童环境教育的指导纲领，并将环境教育概括为认识环境、在环境中学习、关心环境三个相互关联的部分。概括来说，环境教育是"一个教育过程，借此加强儿童对环境的认识、提高所需的技能和发展他们的价值观和态度，并能参加改善环境的素养"。

《学校环境教育指引》提出的理念也一直延续到今天的香港环境教育中，当前香港学校的环境教育正是以"可持续发展"为方向，其最终目的在于"促进学生毕生都关注环境，而且具有远见，并为它们作好准备，使能够为环境保护作出有见解、合理和实际可行的决定，同时身体力行，致力于缔造一个能安居乐业、可持续发展的环境"。

香港环境教育的实施途径主要包括在学校内推行的非正规课程以及非政府组织、绿色团体等社会力量所作的贡献。

② 香港环境教育的特色

（1）非正规课程中的环境教育

非正规课程是香港学校推行环境教育的重要途径，《学校环境教育指引》指出，通过一些校内外的活动和考察，学生可以感受大自然的奥秘，亲身体会真实的环境情况，并更深入地认识有关问题，从而加强对环境的关注。

幼儿园的环境教育，一般将重心放在通过参与实践和观察，为幼儿创造直接接触大自然的机会，鼓励他们观察大自然，欣赏自然之美，培养儿童对环境的兴趣和意识，加深他们对周围环境的认识和了解，进而初步建立起保护环境的积极态度。

香港中小学的非正规环境教育课程丰富多彩，主要体现在电影展播、主题演讲、举办展览、专题研究以及中小学生作文比赛等活动中，此外还有通过建立废品回收分类计划、绿化校园、郊野植树、清洁海滩等服务性活动以及参与公益少年团和童子军社区活动来培养学生对环境的认识，养成他们观察事物，分析和解决问题的习惯和能力。此外，社会、政府与非政府组织单独或合作举办的活动，例如"香港绿色学校奖""学生环境保护大使计划""健康学校奖励计划"等同样是香港学校环境教育的非正规课程的重要组成部分。

➤案例1：圣公会奉基小学可持续发展教育实践①

计划/课程名称	Super 循环三角袋——减少废物——善用塑料袋
对象	全港市民
进行时间	2005 年 12 月至 2006 年 2 月
参与学科	中文、英文、数学、视觉艺术
合作伙伴	校内：4B 班学生 校外：黄埔区管业处
计划目标	（1）通过互动和亲身体验学习过程，由学生进行调查、分析和设计，让学生从中学习到如何在日常生活中实践"减少废物"，并将持续减废的信息传递给社区居民。 （2）通过讨论及校内的问卷调查，学生能发现一般同学虽然有保护环境的意识，但是往往因不同的原因，不会在生活中实践环保。学生分析问卷结果后，能构想出鼓励同学循环使用塑料袋的方法，提升其解决问题的能力。 （3）通过制作宣传短片、活动记录册、主持挑战站及派发宣传礼品包，加强了学生的沟通能力，搜集及分析资料的能力，启发创意等多方面的学习技巧。 （4）派发宣传礼品包给社区居民，鼓励减废行动。

---

① 香港中文大学建筑学院网站 http：//www.arch.cuhk.edu.hk。

续表

计划流程	第一阶段——探讨市民过量使用塑料袋的原因,研究改善方法。 第二阶段——设计问卷,在校内进行调查,分析所得出的结果,制成统计图表。 第三阶段——数据显示同学虽然具有环保意识,知道自备购物袋能减少废物量,但往往因为嫌麻烦或忘记带而需买新的塑料袋。 第四阶段——就调查所得的结果,讨论解决办法。最后一致通过以"Super 循环三角袋"为主题,教导同学把干净的塑料袋折成小三角形,既方便又环保。 第五阶段——讨论推广及宣传的方式。商议结果: (1) 制作宣传短片:同学制作短剧宣传减少使用塑料袋的重要性,并示范折"Super 循环三角袋"的方法。 (2)"Super 循环三角袋"挑战站。在操场设置挑战站,同学如果可以在限制时间内折好三角袋,获小礼物一份。 (3) 向黄埔花园管业处申请在小区范围派发宣传礼品包。 (4) 设计及制作宣传礼品包,向社区居民派发。 第六阶段——学生自行评估活动的成效,并写出活动感受。
各协作学科在计划中的贡献与关系	中国语文科:学生能够运用到写作技巧(如拟定问卷、写剧本、制作习作报告及步骤说明等)、说话沟通技巧(话剧表演、主持挑战站、派发宣传品)。 英国语文科:书写英文说明书,运用日常英语向居民介绍"Super 循环三角袋"活动。 数学科:搜集及分析数据,制作统计图。 视觉艺术科:设计"Super 循环三角袋"宣传礼品包,专题习作报告。
推行计划/课程时所遇到的困难	(1) 小学四年级同学年级尚小,在拟定问卷时需要教师提供较多的支持。 (2) 统计和分析数据时需时较长,并需要教师协助完成统计图表。

续表

计划成功之处及可改善的地方	成功之处： (1) 全班同学均有参与机会，团队精神佳，又能按各人的长处分工合作。 (2) 挑战站掀起全校师生折塑料袋的高潮，有效推广少用塑料袋的行动。 (3) 学生家长纷纷效仿，加强活动的成效。 (4) 能把环保的信息传递到社区。
	改善之处： 为了避免同学多次参赛和领取奖品，建议在已获奖同学手册上盖章。

➤ **案例 2：香港玫瑰岗学校可持续发展教育实践** [①]

计划/课程名称	实践可持续发展生活方式——海洋生态全接触
对象	初一或初二
进行时间	一个学期为期三个月（建议 11 月，天气较理想）
参与学科	科学、综合人文学科
合作伙伴	海洋公园、渔农自然护理署
计划背景	自古以来，中国人一向留心观察天地万物，并善用自然界的一草一木，而且对大自然抱着又敬又畏的态度，千百年来保持着和谐的关系。可惜时至今天，我们和大自然的关系渐渐变得疏远，天空、海洋、陆地饱受破坏，各项大型发展工程不断剥削我们宝贵的历史文化遗产和自然生态资源。为了令我们的下一代珍惜现有的资源，在校内推行实地考察活动不能缺少，这样才可使学生亲身体验，了解可持续发展的生活方式对未来社会发展的重要。 教学方向与形式多样化，以户外活动及参观巩固课堂知识。透过海洋生态观察与环境教育互相配合，使同学在愉快的户外活动中进行学习。考察地点包括海洋公园、海岸公园自然保护区（西贡海下）、中华白海豚在香港的生态（屯门龙鼓滩海域），除了解生态及地理的环节外，于西贡海下亦可了解当地风土人情，认识香港客家人的生活。

---

① http：//www. arch. cuhk. edu. hk/server2/resch/livearch/esd/experience. htm。

续表

具体目标	知识 (1) 提高学生对推行可持续发展的认识。 (2) 了解进行海洋环境保护策略与方法。 (3) 反思现代人对海洋生态保护的态度。 能力 (1) 于不同年级实践生态考察时，教授进行生态考察的技巧。 (2) 提高学生对海岸/海洋生物的欣赏能力。 (3) 从生活经验去启发创意思维，利用报告去表达个人对海洋保育的感受。 价值观及态度 (1) 反思人们破坏海洋/海岸环境的不当行为，鼓励学生培养可持续发展的生活的习惯。 (2) 培养学生认识到应懂得爱护自然生态环境。
计划流程	策划计划 主要的课程部分（海洋公园参观活动及课程）由海洋公园教育部安排及协助，再由校内工作组统整，编排切合校内科学科学生的教育活动。 举办活动日期 •11月份，中一/中二两级分别往确定之地点进行考察。 •如中一共7班，约250人分四天进行参观活动及课程。 •活动后的巩固学习阶段由科学科老师依统整课程配合与学生讨论该活动的记录及巩固学生在该活动中的收获。 跟进工作 教师指导学生进行较深层次的工作，例如：编写专题研究报告（文字报告）。

各协作单位的贡献及关系	（1）学科 考察活动后的巩固学习阶段 •科学科老师指导各级学生编写跨学科专题研究报告。 举办各项比赛，通过比赛活动使学生的学习更富趣味性，如摄影及各项设计（壁报、书签、海报等建议）。 （2）学校环境教育组 为学生举办讲座/工作坊。 建议举办的讲座：香港海岸生态。 本地环保设施或教育中心参观：湾仔环境教育资源中心。
计划评估方法	（1）设计与该项考察活动有关的习作、测验和考试题目，从学生在这几方面的具体表现去评估： •学生在测验、考试中就有关课程的题目整体表现理想（80％合格）。 •学生在上学期的跨学科专题研究报告有 70％～80％ 表现理想。 •学生在各项比赛的整体表现理想。 •学生在以口头报告及电脑简报形式进行的表现理想。 （2）设计量表，测量学生在以下几项的表现： •文字的表达（学生的文章及专题报告）。 •语言的表达（学生需要作口头报告）。 •电脑技术（中一为电脑排版，中二则为电脑简报及网页制作）。 （3）设计学生问卷、教师及家长问卷： •学生问卷——评估学生对考察活动的兴趣及意见。 •教师问卷——评估教师对各项活动的安排及一切筹备工作的意见。 •有参与该项考察活动的家长问卷——评估对该项考察活动的兴趣及成效。

计划成功之处与需改进之处	（1）一项结合趣味学习与海洋生态体验的全方位学习旅程学校设计以上计划，成功申请优质教育基金。学校自2003年已于初中年级全面施行全方位学习计划，每年设定综合学习周，以"大地是课堂，万物尽教材"为主题，推出各项配合考察的专题研习计划。
	（2）对教师而言，通过策划及参与，教师可增加对环境教育的信念，而且在整个过程中，各成员若能坚守信念，在彼此合作无间、互相支持的情况下实践教育理想，迈向绿色生活，必能提升及强化团队精神。
	（3）对学生而言，该项活动能使学生扩充视野，增加对环境教育的认识，提升其对学习的兴趣，珍惜自然生态。而且活动也能增进师生关系，增强学生对自然环境的亲切感。
	（4）若一所学校的教师和学生都能有以上的提升，在师生士气高涨，共同努力下，实践绿色生活，学校必能有所增值。这样更可为本地学校施行环保教育时提供参考。环保由教育开始，让可持续发展的生活知识由浅入深，从日常生活重新培育我们的未来社会领袖，现今面对的环境问题一定可获得真正的解决！

（2）非政府组织的儿童环境教育实践

非政府组织性质的绿色团体在香港环境教育中发挥着十分重要的作用。1993 年，由地球之友、绿色力量、世界自然基金会（香港）和香港保护自然物协会等组织，成立了绿色团体联合阵线，成为推动香港环境教育的重要社会力量。

➢案例 1：世界自然基金会（香港）

世界自然基金会香港分会自 1981 年成立，通过保育、生态足迹及教育项目提出解决方法，缔造生生不息的地球。米埔自然保护区位于香港新界西北角，是我国目前保护最好、鸟类最多的红树林湿地，是国际最知名的湿地之一，同时也是香港著名的环境教育中心，蕴涵着丰富的环境教育资源，比如观鸟屋、教育径、浮桥、野外研习中心等。米埔自然保护区由世界自然基金会（香港）负责实施环境教育，同时环境教育也是保护区的长期发展战略。米埔环境教育的目标是致力于为香港和华南地区人民及下一代缔造更理想的环境，其工作范围主要包括：在学校推行正规的环境教育项目，通过传媒和周年活动推广非正规的环境教育项目，在教育中心举办培训班，提高教育工作者推行环境教育的技巧和能力，鼓励公众参与和保护深圳湾湿地。

①米埔的中小学生环境教育项目

在环境中推行环境教育是米埔环境教育的主要部分和基本策略，让中小学师生进入保护区，切身体验自然环境，使师生认识到：什么是自然保护区，它的生物多样性、对野生生物及人类的贡献、所面临的威胁和它在湿地保护中的重要意义等。（游云、昝启杰，2004）该保护区于1985年正式开始接受当地中小学进行生活和地理的野外研习和参观活动，为中小学生度身设计了不同的环境教育项目。

小学参观项目旨在提高学生对湿地和保护工作的兴趣、认识和关注，主要包括三个主题。其中"米埔小侦探"是让儿童通过一系列感观游戏认识米埔湿地，欣赏米埔湿地漂亮的景色和其重要价值；"小鸟的故事"是让儿童通过观察鸟类以及以环境为题的游戏，来了解鸟类如何适应湿地环境，认识为何保护米埔自然保护区对候鸟和人类同样重要；"米埔点虫虫"是指在不破坏环境的前提下，让儿童通过细心观察昆虫的活动，了解昆虫如何适应湿地环境，探究它们与米埔自然保护区内其他野生生物的相互关系。这些内容并不与任何小学课程有直接联系，但是通过亲身体验，启发年幼的儿童欣赏大自然和积极保护环境。

中学参观项目旨在提高儿童对湿地保护的了解和兴趣，主要包括五个主题。"后海湾之红树林生态"是让儿童通过红树林生态了解湿地的重要功能并关注全球的红树林保护工作，借此认识不同的红树品种及其适应环境的特征；"湿地生物多样性"是让儿童探索湿地富饶的物种，并理解不同物种的相互关系，更有机会认识保护生物多样性的重要性；"后海湾之水质污染"是让儿童认识到海湾的主要污染源头和水质污染对栖息于拉姆萨尔湿地或附近的人类和野生生物构成的潜在威胁，更有机会理解政府实施的水质污染监管政策和有关的进一步行动。中学参观项目的所有内容均与中学的地理、生物等相互配合，融入了正规学习的学习经验。

香港米埔自然保护区的环境教育活动①

类别	对象	活动主题	活动形式	备注
小学参观项目	小四到小六学生	（1）米埔小侦探 （2）小鸟的故事（春、秋、冬） （3）米埔点虫虫（夏）	野生生物观察、示范、角色扮演、讲解、游戏和讨论	由教育主任带领，行程2公里，需时约3小时
中学参观项目	中一到中三学生	认识米埔和后海湾内湾拉姆萨尔湿地	多元化的教学活动，如观鸟和夏季进行的池塘探索	由教育主任带领，行程5公里，时间约4小时
	中四到中七学生	（1）一般参观 （2）后海湾之红树林生态 （3）湿地生物多样性 （4）米埔和后海湾拉姆萨尔湿地之土地用途 （5）后海湾之水质污染	角色扮演、野生生物保护与识别、讲解和讨论等	

②米埔环境教育教材

米埔自然保护区不仅为中小学生设计了不同的环境教育项目，同时还针对中小学生的学习需要编写了形式多样的环境教育教材。实施环境教育20余年以来，米埔自然保护区制作了百余套教材，包括小册子、书刊、幻灯版教材、海报、纪录片、光盘、展览板和活动教材等，所有教材都分发给接受教育的学校、图书馆和相关政府部门。同时定期举办教师培训班，介绍制作各项目的辅导教学材料，开展教材培训活动，用以提高正规环境教育的教学效果。同时鼓励在职教师参与制作教材，所有教材均根据学校课程而设计，将环境教育融入不同的学科中。

---

① 徐基良，安丽丹，张晓辉：《香港的环境教育及其启示》，载《生物学通报》，2007（6）。

➢案例 2：香港长春社

长春社成立于 1968 年，由一群关心香港生活环境质量的志愿者组成，是香港历史最悠久的非政府环保组织。长春社认为环境教育是从根本上解决环境问题和推动可持续发展的最佳方法，长春社所举办的各项环境教育活动对象广泛，包括普通市民、少年儿童、教师、零售界从业员、待业人士以及屋村居民等。长春社成立 40 余年以来，为香港的环境保护以及环境教育工作作出了巨大贡献。其宗旨是关心生态，保护环境，使全球生物享有一个可延续的生态环境；并且不断进行环境问题的科学研究与分析，推广和宣传环保教育，并出版《绿色警觉》等刊物。作为享誉盛名的民间环保组织，长春社长期以来一直将中小学生的环境教育作为自己工作的重要组成部分，为全港幼儿园及中小学安排丰富多彩的环境教育活动，是全港少年儿童进行校外环境教育的重要场所。

为了提高全港儿童的环境保护意识，长春社每年都会为学校或一些教育机构提供相关主题的环境教育活动。如下表所示[①]：

活动名称	所需时间	对　象	目　的	内　容
垃圾的一生	约 3 小时	小学（9 岁以上）及中学生	让学生认识垃圾的处理方法，并了解垃圾问题的严重性，学会如何减少制造垃圾。	通过讲解及参观，深入浅出地解释处理废物的方法及如何减少制造垃圾。学校可选择参观处理废物的设施，包括： (1) 堆填区 (2) 港岛西区废物转运站（参观全港首个地下废物转运站） (3) 旧衣回收厂（让学生尝试把衣物分类；学生可现场捐赠旧衣）

---

① http://www.conservancy.org.hk/index.html。

续表

活动名称	所需时间	对象	目的	内容
自然探索者	约5小时	幼稚园及小学生	发挥城市公园现有的资源，通过各种形式的游戏、小组活动、汇报、故事及考察等，发掘学生探索大自然的兴趣，让学生了解人与大自然的关系及保护环境的重要，同时也发展他们与人相处及合作的沟通能力。	第一部分：齐来热身（课堂学习） 导师会到学校介绍公园的用途，认识考察地点，订立考察时的守则，制作大自然日志，并借助有趣的活动引起学生探求知识的动机。 第二部分：野外考察 地点：九龙公园导师带领学生前往公园，通过小组活动、考察及游戏，进行各主题研究（动植物保护自己的方式法、了解生物之间的关系、认识树木等），并会把学习记录在大自然日志上以作评估。
树木考察	约2小时	幼稚园、小学生及中学生	树木与我们的日常生活息息相关。以实地考察作为学习树木的媒体能使参加者留下深刻印象，对学习树木事半功倍。	组织学生到九龙公园或山顶实地考察，亲身学习香港常见的树木和其特征、病虫害及护理技巧等；认识树木有趣的一面，能加强他们对爱护树木的心志。

活动名称	所需时间	对　象	目　的	内　容
南丫岛探索生态游	约3小时	小学生、中学生、大学生及家长	长春社早于2008年在南丫岛上设立了三条生态旅游径，目的是提升南丫岛的生态保育和教育价值，并推动南丫岛的可持续发展。	三条生态旅游径分别位于南丫岛的南、北和中部，长短不一。除了有趣的生态动物外，沿途还可以看到很多美丽和特别的生态景点，如生机勃勃的泥滩、连绵的海岸、火山爆发的遗产花岗岩等；又可参观文物古迹如已有百多年历史的天后古庙和七十年历史的模达学校等，一同寻找南丫的故事。

(四) 马来西亚

1 马来西亚环境教育概况

马来西亚地处热带地区，得天独厚的地理位置给马来西亚带来了奇异美妙的动植物资源，这片小小的群岛拥有世界上最古老的热带雨林，汇集了世界上绝大多数动植物物种，形成了美丽多姿的热带风光。但是自然赋予马来西亚的良好生态环境资源，也在经济的飞速发展中付出了惨重的代价：空气污染、河流污染、热带雨林退化、生物多样性锐减、垃圾激增。面对诸多的生态环境问题，马来西亚政府采取了一系列措施进行对环境的治理和保护。国内的环境保护运动也已经有了一定的历史，且取得了很大成效。但是环境教育起步却相对较晚，政府在相当长时间内关注以立法、行政、经济等手段对环境进行保护和治理。

在世界环境教育蓬勃发展，并向着可持续发展的新目标迈进的国际趋势下，马来西亚于20世纪90年代逐渐认识到对公民进行环境教育的重要性，特别是儿童和青少年在未来环境保护和人类可持续发展中的巨大作用。1997年，马来西亚政府组织召开了第一届全国环境教育工作会议，第一次明确了环境教育的定义，即环境教育是通过传授知识与技能，形成态度与价值观，使人们勇于承担改善环境质量和实现可持续发展责任的教育过程。2002年，马来西亚出台了《国家环境政策》，重申了环境之于发展的重要性，同时也暗示了要实现可持续发展，必须在国际化视野下加强环境教育。随后在2006年，马来西亚第二大州沙巴州出台《环境教育政策》，指出环境教育是一个使个体获得知识与技能，形成保护环境和管理环境的态度与价值观的学习过程。《政策》从环境教育的实施愿景、使命、具体政策、战略以及具体行动方案等方面一一作出指示。

"完善环境教育体系，发展环境教育对于马来西亚目前的国情来说是至关重要的，因为教育是培养国家未来具有环境保护意识和能力的公民的一项重要因素。国家为公民所提供教育的种类将反映着国家和社会的发展目标以及对未来的希望。"① 目前，马来西亚已经基本形成了较为完整的环境教育体系。联邦以及各州相关政府部门、私营组织、教育机构以及非政府组织形成了良好的合作势态，通过不同的目标群体，如教师、青少年儿童、政府机构等，共同致力于推动马来西亚正规与非正规教育，学校与校外教育中的环境教育活动。

②**马来西亚环境教育的特色之处**

马来西亚拥有相当数量的民间环保组织以及国际非政府组织，它们在马来西亚公众及儿童的环境意识的提高方面发挥着至关重要的作用，它们同时也是马来西亚环境教育中较有代表的教育形式。这些环保组织经常联合马来西亚联邦及各州的相关机构，进行各种形式的环境教育，诸如辩论、展览、电台访谈、绘画比赛、植树、研讨会等形式，此外很多与环境相关的节日，例如每年的世界地球日、世界环境日、世界湿地日、世界水日及马来西亚环境周等特殊节日也都被利用来对儿童进行环境教育，极大地丰富了马来西亚校外儿童的环境教育活动形式。②

（1）世界自然基金会（马来西亚）

世界自然基金会作为世界上最大、经验最丰富的独立性非政府环境保护组织，在马来西亚的环境保护和环境教育中发挥着巨大的作用。自

---

① myais. fsktm. um. edu. my/5136/1/6. pdf。

② The Development of Education：National Report of Malaysia（2004），Ministry of Education Malaysia. p. 5。

然基金会在马来西亚正规教育体系中的环境教育工作主要体现在两个方面：环境教育政策和"环境与你"项目。

世界自然基金会认为正规教育是培养未来有环境责任感的公民的最稳定途径，是进行环境教育的最重要部分。世界自然基金会一方面通过协助马来西亚教育部制定环境教育政策，以实现环境教育与国家整体教育政策的融合；另一方面通过与其他机构合作，在中小学之间开展"环境与你"项目，试图建立一个体现马来西亚特色的环境教育模式，促进目前环境教育与马来西亚国家课程的融合，为马来西亚培养一代代绿色环保公民。世界自然基金会指出，仅仅在教室里进行环境教育是远远不够的，环境教育在户外有广阔的施教天地，并且户外环境教育更能够促进儿童将亲身经验转化到自己的现实生活中去。因此，环境教育和环境保护的知识应该是亲身体验式的、实践式的和情境化的。"环境和你"项目的目的在于，提高儿童的环境意识，培养他们的环境价值观和环境道德；使他们懂得在日常生活中环境保护的重要性，并且获得一定的环保技能；帮助儿童通过环境友善的方式进行思考和行动。① 项目为期五年，目前选取了槟城、马六甲等四个州的四所学校作为试点。

世界自然基金会（马来西亚）还与马来西亚教育部教师教育科建立密切合作，在马来西亚所有教师教育中心对教师进行环境教育培训。基金会还与教育部课程发展中心一道，开发幼儿园环境教育指导手册，将健康环境等概念融入到学前教育阶段。除此之外，基金会还赞助教师参加英国的环境教学课，为马来西亚建立环境教育示范中心提供技术支持，自主开发教学工具包，比如海洋生物模型、有关环境保护的宣传海报等。

（2）马来西亚自然协会

马来西亚自然协会建立于 1940 年，是马来西亚最大、历史最久远的非营利性环境保护组织。协会以会员制的形式吸收来自社会各个阶层的环保人士，包括普通的环保志愿者以及动植物学家等。自然协会创建七十余年以来，一直以保护马来西亚自然环境遗产为宗旨，积极与联邦政府、地方当局、媒体以及社区合作，为马来西亚的自然环境保护作出了卓越贡献。

---

① 马来西亚环境保护网站 http：//www.wwf.org.my。

协会通过重要栖息地养护、环境教育、出版物宣传以及公园管理等方式实现对马来西亚的环境保护，其中环境教育已经成为协会的重要工作内容之一。协会历年所举办的大型自然保育活动，如 1977 年拯救"兴楼—云冰国家公园"大行动，1985 年"兴楼—云冰地区自然遗产与科技探险"，1993 年"泊仑地区自然遗产与科技探险活动"等都向全国中小学校开放，吸引广大青少年儿童积极参与。此外，针对中小学校儿童环境教育的需要和特点，协会还设计和开展了一系列以中小学生为主要参与对象的环境教育活动。一方面，协会通过定期主题式的自然俱乐部、研讨会、讲座以及展览等形式对青少年儿童进行环境教育，例如 2007 年，自然协会与可口可乐公司合作举行"马来西亚中小学生 2007 年度水资源设计大赛"鼓励少年儿童为节约水资源献计献策，极大地调动了青少年学生的积极性、参与性以及创造性。2009 年，自然协会又以"一月一地区一主题"的形式开展了"2009 马来西亚自然协会学校自然俱乐部活动"。另一方面，协会通过建立自然研究中心，例如马来西亚森林研究所、金马仑高原研究所等，作为青少年儿童环境教育基地，补充学校进行环境教育的资源不足。

（3）沙巴环境教育网

沙巴作为马来西亚的第二大州，在各种环境组织的推动和参与下，在环境教育方面一直处于全国的领先水平。由于大量环保组织的共同参与，沙巴州于 2004 年建立了由沙巴州环保部领导的，由来自政府部门、非政府组织、研究所、学校以及私营部门人士组成的沙巴环境教育网。

沙巴环境教育网的主要目标在于①：

①创建一个平台，增强沙巴各项环境教育项目和活动的一致性；

②为环境教育工作者提供一个培训平台；

③在从事环境教育的公私部门、非政府组织之间建立一个有效的工作网；

④实现沙巴环境教育的信息交流和资源共享；

⑤对各项环境教育项目及活动进行评估；

⑥建立地区、国家和国际间环境教育项目的工作网。

---

① The Development of Education：National Report of Malaysia（2004），Ministry of Education Malaysia. p. 6。

沙巴环境教育网自 2004 年成立以来已经开展了一系列环境教育培训及活动。例如 2005 年在沙巴环保部的支持下，面向广大环境教育工作者开展以环境为主题的电脑设计培训；2006 年，利用沙巴亚庇市湿地中心开展了"将环境教育融入实践活动"的主题研讨会，以提高教师进行环境教育活动和计划的技能，促进环境教育的实施；2007 年，又利用马来西亚"环境保护周"，举行了面向 7～12 岁儿童的环境绘画比赛及沙巴中学生的环保摄影大赛；2008 年，在沙巴森林部的支持下，举行了一次以"自然保护"为主题的博览会；同年，成功筹办了全国环境教育工作会议；2009 年，又召开了一次研讨会，讨论沙巴环境教育政策的实施和监督问题。短短几年，沙巴环境教育网已经成为该州著名的环境教育组织，发挥着环境教育活动的拓展、组织、协调和培训的重要作用。

（4）尼加拉动物园教育中心

尼加拉动物园教育中心是马来西亚动物学会下属的一个独立的组织，它的主要任务有两个：一是要通过执行教育规划为动物园游客提供说明服务，发挥国家动物园和国家水族馆的教育作用；二是力求成为马来西亚一个永久性的环境教育展览中心。

该中心设有供动物园规划使用和参考的教育资料图书馆，还为国家动物园职员、中小学校教师和公众提供环境类的培训课程，同时还与中小学校等校内外教育机构建立联系，宣传环境教育、动物保护的思想和理念。中心通过不断拓展业务范围，与多家国内外的环境教育组织建立了广泛的合作关系。

此外，中心还为学校环境教育提供以下专门服务：包括鼓励欣赏和理解陈列的动物及其自然习惯和生活方式；促进人们对野生动物的尊重；揭示野生动物与环境的关系；证明人类生存对自然的依赖；揭示人类如何改变环境；证明影响环境决策的各种计划的重要性等。（徐辉，祝怀新，1998）

（五）日本

① 日本环境教育概况

日本虽是一个人口众多、面积狭小、资源匮乏的岛国，但其秀美的自然风光以及洁净的生活环境却给人们留下深刻印象。日本优美的自然环境得益于日本国民高度的环境意识和环保素养，与日本国民自幼所受的环境教育密不可分。曾经震惊世界且对日本环境及人民生产生活造成了重大破坏的"水俣病""骨痛病""米糠油事件"等公害事件是日本历史上的创伤一页，同时也掀开了日本开始环境保护和环境教育历程的新篇章。

日本进行儿童环境教育已有半个多世纪，儿童环境教育是构成日本环境保护体系的最重要方面。对于承担儿童环境教育的各级各类教育机构，日本政府要求他们要在少年儿童的不同成长阶段，进行以下方面相应的指导：亲近大自然，感受自然的美丽；爱护动物，尊重生命；懂得水、煤气、电等资源的有限性；了解身边地区的自然状况，进而创造良好的环境；正确对待身边发现的环境问题，自己不要成为环境的破坏者；了解自然的生态系统，保全并改善环境；以广阔的视角考虑全球性的环境问题。日本政府从 1991 年开始便陆续制定颁布了《环境教育指导资料》，这一套资料从目标、内容、方法、对象等多个方面给予了详细的说明，指出环境问题的复杂性和多样性，因此各方面要协同力量，共同推进儿童环境教育的开展；还指出，环境教育应当是终身教育的基础，基础教育阶段要为儿童的终身发展奠定基础。

按照贝尔格莱德会议和第比利斯会议精神，日本政府明确提出对少年儿童进行环境教育就是要培养儿童"关心环境及环境问题，立足于综合地理解和认识人与人周围环境之间关系的基础上，掌握能够解决环境问题的技能、思考力和判断力等，对环境采取有责任的行为，形成积极的态度，同时从保护环境的立场出发，重新认识自己的生活方式及作为人的应有的生活方式"。正如《环境教育指导资料》中所述："环境教育要着眼于能力和态度的训练与养成，从能力上讲，主要应当包括：问题解决能力、信息处理能力、数据处理能力、交流沟通能力和环境评价能力；从态度上讲，重在养成对自然和社会现象关心的态度、主动思考和判断的态度、对他人的观点和信念予以宽容的态度。"（日本文部省，1991）可见，日本的环境教育不仅仅传授有关自然界的知识，而且更重视实现"关心""知识""态度""技能/能力""行为"这五项目标，这表明日本的环境教育注重激发受教育者的环境意识，注重个人的生活方式与环境问题的关系，从而有利于形成个人对环境负责任的行为和积极的态度。也就是说，日本政府将环境教育定位于一种综合性的教育，因此环境教育的指导思想就是要对受教育者进行综合素质的培养。

②日本环境教育的特色之处

(1) 儿童环境俱乐部

儿童环境俱乐部成立于 1995 年，是日本环境省在地方公共团体的协作下，以全国少年儿童为对象，号召设立的环境学习和开展环境教育活动的组织。在俱乐部中，儿童能够一边欣赏生态环境，一边开展学习活动。俱乐部拥有自己的宪章，"热爱地球，开创未来，团结一致，保护地球是其宗旨所在"。受日本环境省的委托，日本环境协会设置了"全国儿童环境俱乐部事务局"，以负责各俱乐部的管理、会员手册及小报的编辑发行和各种交流活动等。同时还在各都府县和市区镇乡也设置了相应的事务局。此项事业旨在让儿童在社区这一身边生活场所中进行体验性、连续性环保活动和环境学习的机会，期待他们通过社区的自然体验和生活，培养对环境的感性认识，并使之成为将来环境学习的基础。该项事业的内容丰富多彩，中心活动是儿童自主地进行生物、水质等调查以及废物回收再利用等"环境行动"。(刘继和，1999)

(2) 青少年野外教育事业

环境教育是自然体验性、实践性极强的教育活动。为了支持、充实和促进自然体验性环境教育，日本文部省终身学习局设置了"关于振兴青少年野外教育的调查研究者协议会"，并实施了"青少年野外教育事业"，旨在将青少年带到大自然中，通过集体野营住宿等自然体验性学习活动，激发他们亲近自然的热情，培养对自然的兴趣与关心，深刻理解自然与人的关系。这项事业大都是由"青少年之家""少年自然之家"等国立青少年教育机构实施。为了综合推进和振兴此项事业，日本文部省还对实施该项事业的示范都道府县给予必要的资金援助，以资助他们开展活动。

(3) 非政府组织

日本的环境非政府组织异常繁多，从市、町、村到都、府、道至全国和国际范围的环保非政府组织活动遍布于日本各地，其中有著名的"日本野鸟会""世界自然基金会日本委员会""日本自然保护协会"等大型非政府环保组织。日本的环保团体在日本的环境保护事业中发挥着多方面的作用，其中使命之一就是推进环境教育，传播环保知识。对包括少年儿童在内的广大市民进行环保宣传和教育是日本各环保团体的一项经常性的活动。例如著名的"日本野鸟会"成立七十余年以来，一直致力于鸟类的保护和宣传教育活动，该组织将"热爱自然，与自然界的鸟类做朋友"作为自己的宗旨和口号，以会员制的形式吸收社会成员参加各项活动。目前，该组织在全国设立分支 89 处，已有会员超过 53 000 人，并且该组织的会员大多数是中小学生。在成人的支持下，儿童通过会员的活动，来培养热爱自然的意识，同时也获得了环境保护知识。

再如日本国际自然大学（National Outfitters Training School）是日本一家具有法人资格的非营利性的环境教育基地。该组织成立于1983 年，一直致力于青少年儿童的户外环境教育实践，常年举行的活动有"儿童体验活动"，每年 8 期；"季节性活动"，如冬季滑雪野营、家庭野营、田园种植、收割野营等。学生在这里不仅可以学到可操作的环境保护知识，而且可以强健体魄，培养合作精神。

（4）工商企业组织

除了环保非政府组织，日本工商业企业也积极参与到儿童环境教育中。政府与公司合作，共同创建了一项名为"为了水与生命，环保课程"的以水为主题的环境教育计划，公司为计划的实施提供全部经费。该计划的目的是帮助日本的少年儿童了解水资源，并且参照日本中小学的教育指导方针进行内容设定。目前这一计划覆盖的主题包括：生活中水的角色、水的社会系统、世界水问题等方面，特别是在家庭节水和节水具体方法上有着全面而细致的内容，操作性极强；同时也为儿童创造了积极思考和参与环境保护的行动机会。

四、中国（六城市）儿童生态道德状况调研报告

（一）问题提出

1.1 背景

2004 年中共中央、国务院颁布了《关于进一步加强和改进未成年人思想道德建设的若干意见》，对加强和改进未成年人思想道德建设这个关系到国民素质与国家前途的重大问题提出了重要的意见和要

求。在人类思想道德体系中，生态道德不仅是其重要内容，而且是人类社会走向更高文明的重要标志。2003 年，中国教育部颁布《中小学生态教育实施指南（试行）》，这是中国献给地球的第一份教育礼物，也是中国颁布的第一部国家级生态教育实施文件，意味着全国近 2 亿的中儿童都将接受可持续发展的生态教育。国家环保总局在 2004 年下发了《关于加强未成年人生态道德观和价值观教育的通知》。国家林业局也在同年发布了《关于加强未成年人生态道德教育的实施意见》。2007 年党的"十七大"首次提出建设生态文明。2008 年的政府工作报告中明确提出节约资源、保护环境。生态文明已成为一个国家及社会和谐发展的重要标志和要求。未成年人的生态道德教育正是根植于这一重要工程的千秋伟业。未成年人的生态道德教育已逐渐成为中国全社会共同关注的焦点。

20 世纪 90 年代中期开始，联合国教科文组织开始在全球范围内推进环境人口与可持续发展教育项目。我国也陆续开展了该教育项目的实验研究，日益关注并主动开展对青少年和全体公民的环境保护、关爱生命与关注可持续发展的教育。在此基础上，对（儿童）生态道德及其教育问题的关注日益清晰。

1.2 基本概念

何谓生态道德呢？从生态道德这个词的构成看，生态（ecological）一词来源于希腊语中的"oikos"（住所或生境）和"logos"（研究和科学），是指各种生物有机体及其与环境的相互关系。从定义可以看出，"生态"定义中包含了三个方面的要素，即生物、与生物有关的环境和关系。道德则是人类社会生活中所特有的，由经济关系决定的，依靠社会舆论、传统习惯和人们的内心信念来维系的，并以善恶进行评价的原则规范、心理意识和行为活动的总和。生态道德属于道德的范畴，它将人与自然的关系纳入到道德调整的领域，即将生态道德扩展到"人—自然—社会"这个三维坐标上，不仅在人与自然之间确认道德关系，更把自然融入到人与人之间的关系中。因此，生态道德不仅是指人在自然界中所应遵守的生态规律以及生态规范，更指个人对人与生态关系的理解和感情，解决人类与自然关系方面的自觉性（刘琼，2005）。生态道德（或环境道德）是指为了加强生态建设和环境保护，促进人与自然和谐发展，需要人们树立的有社会约束力的行为规范。

生态道德教育的领域主要是人与自然之间的关系，就其本质来说，生态道德教育不是一般意义上的公德教育，而是与人际道德教育相提并论的对待自然的态度教育，是提高生态道德素质的人格教育。因此，生态道德教育指从人与自然相互依存、和谐发展的生态道德观出发，增长受教育者生态基础知识，引导受教育者形成爱护生态的意识，培养受教育者的生态道德情感，从而使受教育者自觉养成处理人与自然关系的文明道德行为。

1.3 研究问题

此次调研的目的是着重了解小学 3～6 年级儿童（9～12 岁）生态道德的现实状况，分析和把握儿童生态道德的现状、特征、主要问题，并在此基础上提出关于加强和改进儿童生态道德教育的建议。因此，本调查报告的行文中都将使用生态道德、生态道德教育或生态教育。

1.4 现实意义

随着关注人类生存环境的呼声日渐高涨，全球对于环境保护的关注已经演化为世界性的绿色浪潮。20 世纪 90 年代中期开始，联合国教科文组织开始在全球范围内推进环境人口与可持续发展教育项目。我国也陆续开展了该教育项目的实验研究，日益关注并主动开展对青少年和全体公民的环境保护、关爱生命与关注可持续发展的教育。生态道德的建构，标志着人类在自然界领域里思想道德的升华和文明进步达到了新的境界。

树立良好的生态道德观，是未成年人形成完整、科学的价值观、人生观和世界观的重要基础，提高儿童生态道德素质是构建人与自然和谐、倡导科学发展观的迫切需要。其主要内容包括：尊重生命、热爱自然；节约资源、简约消费；保护生态、美化环境等方面的认知、情感和态度、行为。

儿童生态道德教育是改进和加强未成年人思想道德建设的重要出发点和主要内容之一。儿童是祖国的未来，民族的希望。当前我国 18 岁以下的未成年人约有 3.67 亿，约占全国总人口的 1/3，他们的思想道德如何，直接关系到中华民族的整体素质，关系到和谐社会的构建，关系到国家的前途和民族的命运。而儿童的生态道德状况如何，不仅关系到中华民族的整体素质，更关系到未来生态文明建设的成败。加强对儿童的生态道德教育并不断取得良好的成效，不仅具有重大的现实意义，而且具有深远的历史意义。

无论在学术理论界还是在社会实践中，"生态道德"在我国尚属有待完善和发展的领域。关于儿童生态道德的系统理论及教育实践也是刚刚启程，思辨多，研究少，宣传多，实践少。究竟我国儿童的生态道德呈现出怎样的状况与水平？现实中哪些因素影响着儿童生态道德的形成和发展，儿童生态道德教育中存在哪些问题？什么样的方式和途径能积极有效地促进儿童生态道德的建设与发展？校外（社会）、学校和家庭怎样协同合作，优势互补，为儿童生态道德的建设构建"三位一体"的社会教育大课堂？这些基础性又是关键性的问题越来越多地受到相关行业有识之士的关注，成为摆放在所有关心儿童成长、关注未成年人思想道德发展的人们面前的重要课题。正是本着对这些课题重要性与迫切性的认识，我们对儿童生态道德的基本状况进行了调查研究，并在此基础上提出对策建议，为相关部门的政策制定及未成年人思想道德的教育实践提供科学有效的理论依据和支持。

（二）研究设计

2.1 研究思路

本调研报告着重了解儿童（3～6年级，9～12岁）生态道德的现实状况，分析和把握儿童生态道德的主要特征、主要问题，并在此基础上提出关于加强和改进儿童生态道德教育的建议。

儿童生态道德状况包含两层具有内在关联性的维度，一级维度是生态道德认知、生态道德情感和态度、生态道德行为三个方面。每个方面包括的具体内容是：

①生态道德认知。包括生态常识（生命观、生态平衡观、代际公平观、种际公平观、洲际公平观、可持续发展观等观念及一般性法规，即对生命有机体及其相互关系的普通性常理的认识）、维持和促进良性生态（生态保护）的一些做法、自己对环境的影响能力、对环境行为的认知情况。

②生态道德情感和态度。包括情感（对各种生态现象的喜怒哀乐）、价值判断（人类的相关活动是否适宜）、价值选择（面对人与自然可能出现的冲突如何选择）。

③生态道德行为。包括自己的相关行为表现、互助合作情况、对他人相关行为所作出的反应。

另一级维度是生态道德的内容维度，我们根据儿童的生态道德发展水平和阶段性规律，从三个方面的内容来检测每个维度，具体内容是：①尊重生命、热爱自然；②节约资源、简约消费；③保护生态、美化环境。

2.2 样本采集和调查实施

问卷抽样结果如下：

城市 性别	贵阳	南昌	青岛	南通	沈阳	宜昌	合计
男	154	304	388	201	239	209	1495
女	244	293	330	337	258	223	1685
合计	398	587	718	538	497	432	3180

年级 性别	3 年级	4 年级	5 年级	6 年级	合计
男	425	419	378	273	1495
女	419	481	460	325	1685
合计	844	900	838	598	3180

访谈对象为课题组选取城市的学校（小学）管理人员、教师、家长和儿童。

各省市独立完成调查和访谈之后，样本由课题组负责回收，并聘请专业人员进行认真复核、审查，剔除不合格的问卷；应用 SPSS13.0 版本建立数据库，并对所有数据进行初步的描述性分析，如频数、频率、平均数等。在此基础上，使用交叉表分析、相关系数分析及多元回归分析等，将有关结论建立在可靠的数据基础上。需要说明的是，统计过程中，我们包括了那些不符合要求的答题（如没有勾选城市、性别、年龄等变量，没有按照要求的答题，漏答的等），但这些样本均不到调查问卷总数的 3％，不影响结果的定性，因此在分析描述过程中，我们剔除了这些数据，只对有效样本和有效百分比进行描述分析。

2.3 研究方法

本次调研采用问卷调查方法，同时辅以访谈儿童、家长及教师的形式，通过采访员回收问卷，获取全国儿童生态道德及生态教育的数据。

采用 SPSS13.0 版本进行分析，在整理和分析数据的基础上，结合其他相关资料，得出研究结论。

2.3.1 问卷设计

我们根据儿童的生态道德发展水平和阶段性规律，分两级具有内在关联性的维度进行问卷设计，以便比较准确地勾勒和描绘出当前我国儿童的生态道德状况。一级维度是生态道德认知、生态道德情感和态度、生态道德行为，二级维度是尊重生命、热爱自然，节约资源、简约消费、保护生态、美化环境。

尊重生命、热爱自然主要考查儿童对待生命的观念和行为取向，看看儿童是如何理解生命存在的多样性和文化存在的多样性等问题，测试儿童对于自然的情感取向，看看儿童是如何观察和体验身边环境的。测试的主要内容有：儿童对待动植物的生存权利，对于一般性环境节日的了解情况；参加户外活动、欣赏自然风光的情况；对身边自然环境的好转或破坏的敏感性；通过各种途径观看收听有关自然变化的情况；对气候变化及其对生活影响的敏感性等。

节约资源、简约消费主要考查儿童对于资源能源的认知和行为，看看儿童是怎样看待生活中各种利用资源能源的方式的，测试儿童的消费取向，看看儿童是如何对待自己和他人的消费取向和行为的。测试的主要内容有：儿童对于日常生活中与资源和能源有关问题的敏感性，对于资源和能源有限性的认知和作为，对于科学技术与资源能源的利用和影响的敏感性，需求与欲望的区别，高消费不等于好生活，任何消费都与资源能源的消耗有密切关系，等等。

保护生态、美化环境主要考查儿童参与环保活动的热情和主动性，看看儿童是怎样参与力所能及的环保活动的。测试的主要内容有：儿童意识到自己所具有的环境权利和环境义务，随时随地参与环保的可能性，积极参加各种形式的环保活动，等等。（具体问题见问卷）

2.3.2 访谈设计

访谈对象有三类：一是学校管理人员和教师，二是家长，三是儿童。

对学校管理人员和教师的访谈内容包括：对生态教育的认知，学校开展生态教育的情况，如频率、参与范围、内容、形式、经费、效果等，家长和儿童对学校开展的生态教育活动的反映，学校从事生态教育的师资情况，学校对生态教育的评估方法，对学校、家庭、校外（社会）在儿童的生态素质培养上的作用的看法，对在儿童中开展生态教育的意见和建议，等等。

对家长的访谈内容包括：对生态教育的认知，家庭对儿童进行生态教育的情况，儿童喜欢的生态教育活动，对学校、家庭、校外（社会）在儿童生态教育中的作用的看法，对儿童进行生态教育的最好方法，对当前儿童的生态环境素养状况（知识、情感和态度、行为）的评价以及对在儿童中开展生态教育的建议和意见，等等。

对儿童的访谈内容包括：掌握的有关生态保护的知识，对污染环境、破坏生态的行为.的感受，自己在生态保护方面的行为，对周围同学们的环保知识、态度和行为的看法，参加过哪些生态教育活动，喜欢什么样的生态教育活动，等等。（见访谈提纲）

（三）结果与分析

本次调查发放问卷 3256 份，其中有效问卷 3180 份，有效率为 97.7％。实际调查样本的结构分布如下：

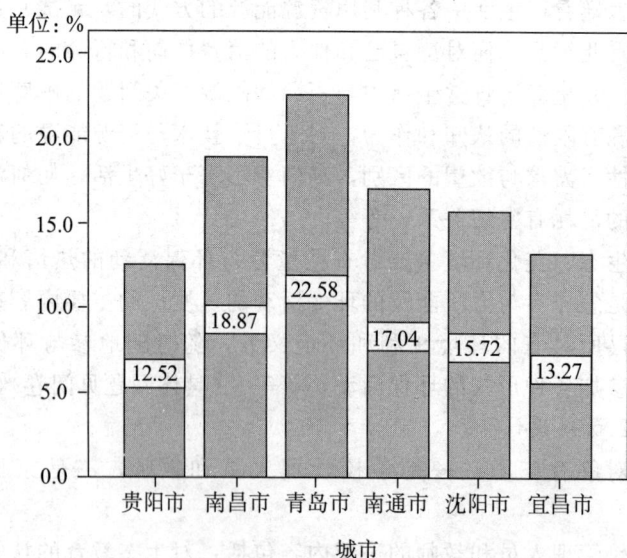

单位：%

性别
■ 男
□ 女

单位：%

年级

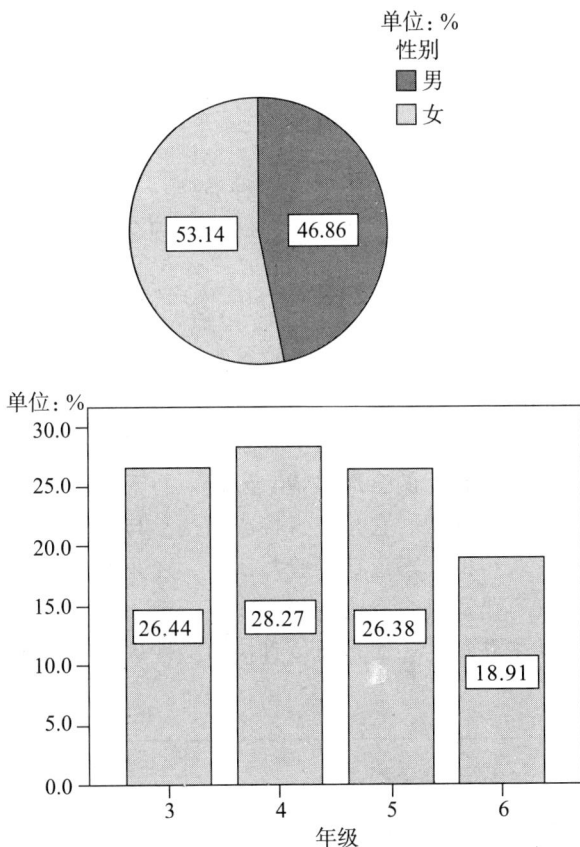

儿童生态道德状况主要体现为儿童的生态道德认知状况、儿童的生态道德情感和态度状况、儿童的生态道德行为状况。其中，"知"是前提、基础，没有充分的认识和较为完备的道德知识，后续的道德环节就难以为继；"情"是接纳、愉悦，具有感染、激发、辐射的意义，缺乏充沛和真挚的生态道德情感，不打动儿童的内心，儿童就不可能自觉为之；"行"是生态道德教育的直接要求、最终价值体现，也是描述当前儿童生态道德状况的基本方面。下面从六个方面来汇总和分析调查结果。

3.1 中国儿童生态道德认知状况

根据统计情况，我们对当前我国儿童生态道德认知状况的判断是：

·儿童具有一定的评价性生态道德知识和经验性生态道德知识，但事实性生态道德知识明显不足。

• 儿童具有一定的生态道德判断能力，对于切近自身的生态现象、生态问题能够作出较为正确的判断，但评价不准确的仍然占到相当的比例。

• 儿童对于远离自己的经验性知识缺乏关注，对日常生活中的一些基本的生态知识还掌握得不够。

一般来说，生态道德认知主要有三种类型：

第一类是事实性知识。它是关于环境问题现象是什么、怎么样、为什么会这样等方面的知识，对于这类知识，学习的方法主要是理智型的，即运用逻辑—认知方法掌握其中的概念、范畴、规律及其逻辑推导过程。

第二类是评价性知识。包括生态道德准则、规范体系，环境社会风尚、习俗，生态道德理想、道德追求等，要对这类知识获得个人的理解，成为个人的内在需要和价值追求，就必须以情感或体验性思维和态度来加以把握，投入自己的全部热情、激情，乃至全部身心。

第三类是经验性知识。它是在直接或间接参与的生态道德交往关系中由本人领悟、获得的生态道德经验与体会。在儿童道德认知中，这样一种道德认知既不是通过自身改造的实践性活动，也不是通过概念、范畴等观念性活动来获得的，而是通过直接的感性认识和间接的理性认识来获得的。

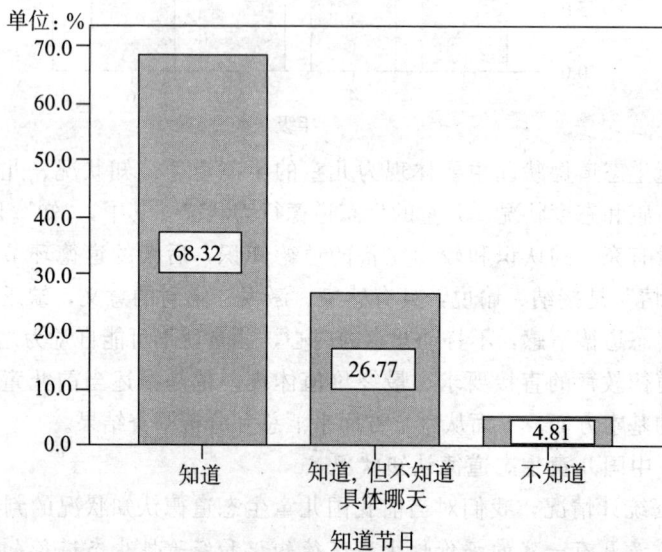

单位：%

70.0

60.0

50.0

40.0

30.0

20.0

10.0

0.0

68.32

26.77

4.81

知道　　　知道，但不知道　　不知道
　　　　　　具体哪天

知道节日

在尊重生命，热爱自然方面，儿童具有一定的评价性知识和经验性知识，道德判断水平较高，但事实性知识不足。如 93.1％的儿童很赞同动植物具有和人类一样的生存权益，我们应该尊重和保护它们。

然而，儿童在有关环保节日的认知方面却不容乐观，只有 68.32％的儿童知道中国的植树节，不知道中国的植树节或知道这个节日却不知道具体时间的儿童占到 31.6％，即使是那些自认为知道的儿童中，未填答和填答错误的也占到了 38.4％。

在节约资源，简约消费的生态道德认知上，儿童具有一定的评价性知识和经验性知识，道德判断达到中等程度水平，但事实性知识严重不足。例如，认为红木是珍贵的植物树种，用它制作的家具是豪华富贵的象征，如果有钱，表示不会购买的儿童占到 67.1％；同意"减少日常用品的消费量就是保护生态环境"的儿童只有 54.8％。

然而，知道夏天的空调开到 26 摄氏度适于节约用电的儿童仅有 29.6％，回答错误的比例占到了 70.4％。

在保护生态、美化环境的生态道德认知上，儿童对于切近自身的评价性知识和经验性知识较多，而对于远离自己的、宏大的全球问题的事实性知识则相对缺乏。例如，74.6％的儿童认为有些小朋友追来跑去让广场上的鸽子飞起来展现美丽的身姿是"不恰当"的；对于自己在环境保护中的地位和作用，有 56.4％的儿童表示自己会起到"很大"作用，43.5％的儿童认为自己所起到的作用"不太大"或"很小"。

然而，对于"温室效应使得全球变暖，这主要是人类在地球上的活动加剧造成的"，只有 37.8％的儿童认为是"正确"的，34.3％的儿童持否定态度，其余的儿童则回答"不知道"。

由此我们可以看出：3～6 年级的儿童经过家庭、学校、社会"三位一体"的生态教育、生态道德教育，辅之以自身的生态体验，有相当一部分在生态道德认知方面已经具有了一定的评价性知识和经验性知识，对自己身边的生态现象、生态问题能够作出较为正确的道德判断。但他们在生态道德认知方面所具有的事实性知识是明显不足的，而且即使对切近自身或者远离自身的宏观层面的生态问题作出正确回答的儿童，也未必能够清楚地知道这些生态问题"为什么会这样"，很有可能是通过"告知—记忆"而获得的这些事实性知识。

3.2 中国儿童生态道德情感和态度状况

根据统计情况，我们对当前我国儿童生态道德情感和态度状况的判断是：

• 儿童具有天然的亲自然倾向，他们在"尊重生命、热爱自然"方面具有较强的生态道德情感和明确的态度，喜爱小动物、热爱大自然，但在实际生活中和具体的道德行为上又缺乏如何爱、如何做的认识和行动。

• 儿童具有一定的"节约资源、简约消费"生态道德情感和态度，但在自己的行为上还不能完全体现出来，还不能自觉地践行这一生态道德认知，而且在如何做的问题上，儿童已具有了一定的生态道德判断能力。

• 儿童具有较强的"保护生态，美化环境"的生态道德情感和态度，而且在如何做的问题上，儿童也已达到了较高的生态道德判断水平，但在现实生活中，在具体的生态问题上，儿童又表现出一些不尽如人意的生态道德行为。

现代心理学、生理学都认为，人的行为走向是受到情感控制的，人的高级情感形式通过思维活动，以评估为中心，调节中枢神经的活动。生态道德情感和态度在促使人的环境审美、环境思考、环境行为时有着重要的影响力。这就是生态道德教育提倡野外观察、户外活动、实地调查的原因所在，因为通过这些与自然直接接触的活动，人们才能培养、积累对自然的爱的情愫，才能受到情感的激发去表达爱的行为。

当然，情感不直接导向行动，但却对行为的发生起到介质的作用。从认识到行为的发生，其中介是以情感为核心的意向系统。对待自然的情感不同，其对自然的评价也大相径庭。如对荒野有着深刻体验的人，会主张保留荒野；反之，对荒野没有感受的人，自然不会产生保护荒野的道德要求和道德行为。

不仅如此，生态道德情感和态度还影响着生态道德选择。生态道德选择是道德主体在自由状态下对多种选择可能性作出的取舍，它是一种特殊的社会选择，不仅表现在主体道德行为的外在方面，如行动、交往、调节等实践活动，而且表现在主体道德行为的内在因素，如认识、动机、意图、目的等精神活动。人们对自然的各种对象如动植物、生态系统、生态圈等怀有不同程度不同方面的情感和态度，决定了知觉和认识过程的选择性以及随之而进行的活动。

生态道德情感和态度作为一种超越人类自身之爱的对自然之爱，是人类把握自身、理解世界的深层方式。在把自己的情感投射到自然万物时，人们走出了自我的狭隘空间，尽管自然如同以往一样，对人们的关爱依然默无声息，但人与自然的关系却在悄然变化。就此而言，生态道德教育不仅是一种对"环境问题""生态危机"的教育，培养人们的使命感和责任意识，而且是一种对环境美学的情感教育，具有欣赏、愉悦身心的审美功能。因此，生态道德教育特别重视"在环境中的教育"。

生态道德情感和态度包括对自然环境中各种生态现象的喜怒哀乐、价值判断（人类的相关活动是否适宜）和价值选择（面对人与自然可能出现的冲突如何选择，比如需要与欲望之间的选择）。

在尊重生命，热爱自然方面，儿童具有天然的亲自然倾向，他们在情感、态度上喜爱小动物、热爱大自然，但在实际生活中、在具体的道德行为上又缺乏如何爱、如何做的认识和行动。例如，60.4%的儿童"常常能注意到"春花秋月，夏果冬雪，小鸟歌唱，动物嬉戏等自然景象；34.7%的儿童"有时候会留意"；只有 4.8%的儿童"没怎么留意"，也就是说有 95.1%的儿童会留意一些美好的自然景象。这表明儿童具有天然的亲自然倾向，喜爱小动物、热爱大自然。另外，虽然有99.43%的儿童都"很赞同"或"一般赞同"应该尊重和保护动物，只有 0.57%的儿童不认为应该尊重和保护动物，但这种高度认同应该尊重和保护动物的生态道德认知一旦要在自己的行为上得以实现的时候，就有相当一部分儿童的生态道德情感和态度发生了微妙的变化。例如，儿童对于"父母买回几只漂亮的小鸟来喂养"这个问题，只有 52.9%的儿童表示"不愿意，想把小鸟放了"，而有 37.6%的儿童是处于两可的矛盾选择之中，表示"很矛盾，小鸟很可爱，但关起来挺可怜的"，甚至有 9.4%的儿童表示"很高兴，小鸟给我带来乐趣"。这表明儿童虽然在情感上、态度上喜爱小动物、热爱大自然，但在实际生活中、在具体的道德行为上又缺乏如何爱、如何做的认识和行动。

在节约资源、简约消费方面，儿童具有一定的生态道德情感和态度，但在自己行为上还不能完全体现出来，还不能自觉地践行这一生态道德认知，而且在如何做的问题上，儿童已具有了一定的生态道德判断能力。例如，"同学们在塑料袋的使用"问题上，有 46.2%的儿童看到同学们会多次重复使用塑料袋；37.5%的儿童看到同学们把塑料袋用一次就扔掉；16.2%的儿童"没注意过"。对于"同学们在一次性用品的使用"问题上，只有8.6%的儿童"经常使用"；55.3%的儿童"偶尔使用"；"不使用"的有36.2%。对于"同学当中的勤俭节约的现象"，有91.8%的儿童认为同学当中有一些或个别（不多）的勤俭节约的现象，只有8.1%的儿童认为自己身边存在很多勤俭节约的现象。

在保护生态、美化环境方面，儿童具有较强的生态道德情感和态度，而且在如何做的问题上，儿童也已达到了较高的生态道德判断水平，但在现实生活中，在具体的生态问题上，儿童又表现出一些不尽如人意的生态道德行为。例如，有62.2%的儿童认为不干扰野生动物的生活就是保护它们；"不同意"的有21.3%；"不确定"的为11.6%。对于"你看到同学们踩踏绿草地的情况"的问题，有13.6%的儿童看到同学们"经常踩踏"绿草地；看到同学们"偶尔踩踏"的有44.5%；"不踩踏"的为41.8%。"见到校园里不爱护环境的行为"，62%的儿童通常会"上前制止"；21.2%的儿童会选择"报告老师"；只有16.7%的儿童持"不理会"的态度。

《中小学生态教育实施指南》提出，在小学1～6年级，生态教育的情感、态度和价值观的目标是"欣赏自然的美，尊重生物生存的权利""尊重、关爱和善待他人，乐于和他人分享""意识到需求与欲望的差别，崇尚自然简朴的生活""尊重不同文化传统中人们认识和保护自然的方式与习俗""认同公民的环境权利和义务，积极参与学校和社区保护环境的行动，对破坏环境的行为敢于批评"。然而，我国儿童的生态教育、生态道德教育离这些方面的目标还有一定的差距。因此，创设情境和机会，使儿童在特定的氛围和实践活动中感受、体验与内化正确的生态道德情感和态度应成为今后生态教育、生态道德教育的重点。

3.3 中国儿童生态道德行为状况

根据统计情况，我们对当前我国儿童生态道德行为状况的判断是：

• 在尊重生命、热爱自然的生态道德行为上，儿童的状况不甚理想，消极的环境行为比较严重。

• 在节约资源、简约消费的生态道德行为上，儿童具有比较良好的"节约资源"行为取向，但是"简约消费"的观念没有成为普遍的价值取向，存在着追求奢侈的倾向。

• 在保护生态、美化环境的生态道德行为上，儿童的状况比较良好，他们敢于制止他人破坏环境的行为，但较少反省自己消极的环境行为。

生态道德认知、情感和态度等意识活动是在观念层面进行、致力于自我完善的"无形活动"，目的在于解决信与不信、信念动摇与信念明确、情感取向积极与消极等矛盾，树立正确的生态道德态度，生态道德行为则是在物质层面进行的、按照意识活动所达到的信念、信仰、理想来发展完善自身、他人、社会和自然的主观见之于客观的"有形活动"，目的在于由信到行，改变现实世界。

与其他道德行为一样，生态道德行为大致要经历四个阶段（J. Rest）：解释情境——作出道德判断——道德抉择——履行道德计划。我们依此设计了几个相关问题，其统计情况和分析如下。

在尊重生命、热爱自然的生态道德行为上，儿童的状况不容乐观。比如，关于是否见到同学踩踏绿草地，回答"经常踩踏""偶尔踩踏"的占到 58.1%，而"不踩踏"的只有 41.8%（这个比例还有所放大，在我们的采访中，当问到这个问题时，被采访的儿童几乎都回答有过踩踏的经历）；"放生买来的动物会使它们面临没有食物或被天敌吃掉的危险，所以不应买动物放生"的问题，"同意"的儿童仅占 23.8%，而不同意的儿童则占到 56.6%；"不确定"的儿童占到 19.6%。

在节约资源、简约消费的生态道德行为上，"节约资源"呈现出相对比较积极的倾向，而"简约消费"则比较消极，这与儿童在这方面的情感和态度的状况是相一致的。例如，在塑料袋的使用上，有 46.2% 的同学"多次重复利用"；在学习用品量或玩具量上，有 74% 的同学表示"刚好"够用，只有 17.3% 的同学认为"有富余"，"不够用"的有 8.6%；同意"不应该用珍贵稀有的树木做家具"的儿童有 74.1%，反对和不确定的有 25.5%。但是，在简约消费上，他们的行为取向则比较模糊。例如，在使用一次性用品（如一次性筷子）问题上，"不使用"的只有 36.2%，"经常使用"和"偶尔使用"的有 63.8%，这与我们在调查过程中观察到的儿童用早餐时，较多同学使用一次性筷子是一致的；在"你是否愿意接受别人穿过但依然干净的旧衣服"问题，表示"愿意"的只有 43.6%，而表示"不愿意"或"不知道的"则达 56.3%。这说明他们并没有把"节约资源"和"简约消费"当成一个具有内在联系的问题，因而，在指向"外在"的资源时，他们会有正确的行为取向，而在指向"内在"的消费时，他们还不能够以良好的生态道德观念来约束自己的行为取向。

在保护生态、美化环境的生态道德行为上，儿童具有比较良好的行为倾向。例如，当见到校园里不爱护环境的行为（如采摘花草、在草坪上玩耍、乱扔东西等），有83.2％的儿童往往会"上前制止"或"报告老师"，不加理会的只有16.7％；当参观动物园里时，有75％的儿童反对喂食动物是爱护动物的行为，只有13.6％的儿童赞成这种做法。访谈中，儿童这个方面给了我们很深刻的印象，他们大多数人表示，当看到破坏环境的行为时，会上前去制止或者报告老师，如果是别人乱扔垃圾而又不听自己的劝告，自己会捡起放进垃圾箱。

由上统计结果可知：儿童对于自己的行为还缺乏比较明晰的倾向，这与他们的生态道德情感和态度是基本一致的；但是，对于他人破坏环境的行为，他们却容易判断并作出正确的选择。可见，在缺乏正确的生态道德情感和态度的情况下，儿童对自我的行为难以抑制，还没有把环境道德内化为指导自己行为的信念，但是，这并不妨碍他们对他人的不道德行为所表现出外向的道德感。就是说，儿童具有一种外在的环境义务感，还缺乏内在的环境责任感。

3.4 中国儿童生态道德状况的比较分析

在调查之前，我们曾以地域、性别、年级（年龄）等变量作为假设，提出儿童生态道德状况会因为这些变量而有差异。根据相关分析的统计数据，地域、性别、年级（年龄）与我们所调研的问题的相关系数均小于0.3，为弱相关。由于每个变量都有两个以上的独立样本，因此我们可以运用两个独立样本 T 检验，得出两个样本之间的差异比较。

3.4.1 性别差异

性别不同，在生态道德认知、情感和态度、行为方面就会有差异。我们按照二级维度来进行统计分析，结果表明，这些差异是存在的。

·从总体上看，中国儿童的生态道德状况有一定的性别差异，但差异不是很显著，且无规律可循。在尊重生命、热爱自然，节约资源、简约消费，保护生态、美化环境三个维度上，男生和女生的生态道德认知、情感和态度、行为都有一定的差异，有时差异还很显著，男生和女生还没有形成一定的"知—情—意—行"的规律，并非生态道德认知水平高的，道德情感就强烈、态度就明确，行为上就做得好。从统计数据可知，不同性别儿童的生态道德情感和态度在我们所调查的三个二级维度上没有一定的规律可循，而且生态道德认知水平高的在行为上也没有相应的表现。

根据统计数据，不同性别在生态道德认知、生态道德情感和态度、生态道德行为上的分析如下：

· 性别在生态道德认知上的差异

在尊重生命、热爱自然的道德认知上，男生和女生有差异。

在节约资源、简约消费的道德认知上没有性别差异。

在保护生态、美化环境的道德认知上，男生和女生有差异。

1. 尊重生命、热爱自然

性别与尊重生命、热爱自然的道德认知各问题 T 检验

项目＼性别	对尊重和保护动物的看法 T 检验	不干扰野生动物的生活就是保护它们 T 检验	动物园里喂食动物是爱护它们 T 检验	不应买动物放生 T 检验
男—女	1.483	−4.198***	−2.957**	−2.847**

上表是不同性别的儿童在尊重生命、热爱自然的道德认知各问题上的差异比较。在"对尊重和保护动物的看法"上，男生和女生无显著差异（$P>0.05$）。在另外三个问题上，男生和女生差异非常显著（$P<0.001$）。有 65.5% 的男生"同意"不干扰野生动物的生活就是保护它们；有 75.2% 的男生对"动物园里喂食动物是爱护它们"持否定态度；有 75.2% 的男生同意买动物放生，均高于女生。

2. 节约资源、简约消费

性别与节约资源、简约消费的道德认知各问题 T 检验

项目＼性别	空调节能的度数 T 检验
男—女	0.324

上表是不同性别的儿童在节约资源、简约消费的道德认知上的差异比较。在"空调节能的度数"上，男生和女生无显著差异（$P>0.05$）。

3. 保护生态、美化环境

项目 性别	对人类活动导致温室效应的看法 T 检验	减少日常用品的消费量就是保护生态环境 T 检验	从国外进口资源以保护我国资源 T 检验
男—女	−4.057***	−3.115**	−5.343***

性别与保护生态、美化环境的道德认知各问题 T 检验

上表是不同性别儿童在保护生态、美化环境的道德认知各问题上的差异比较。在这三个问题上，男生和女生差异非常显著（$P<0.01$），有41.6%的男生认同"主要是人类的活动加剧了温室效应使得全球变暖"，有57.2%的男生"同意"减少日用品的消费量就是保护生态环境，有27.0%的男生"同意"从国外进口资源以保护我国资源。

· 性别在生态道德情感和态度上的差异

在尊重生命、热爱自然的道德情感和态度上有一定的性别差异。
在节约资源、简约消费的道德情感和态度上有一定的性别差异。
在保护生态、美化环境的道德情感和态度上有一定的性别差异。

1. 尊重生命、热爱自然

项目 性别	对父母买回小鸟来喂养的感受 T 检验	对小朋友追赶广场上的鸽子的看法 T 检验	对美丽的自然景象的注意程度 T 检验
男—女	−0.169	0.361	−5.679***

性别与尊重生命、热爱自然的道德情感和态度各问题 T 检验

上表是不同性别的儿童在尊重生命、热爱自然的道德情感和态度各问题上的差异比较。在"对父母买回小鸟来喂养的感受"和"对小朋友追赶广场上的鸽子的看法"上，男生和女生无显著差异（$P>0.05$）。在"对美丽的自然景象的注意程度"上，男生和女生差异极其显著（$P<0.001$），有64.3%的女生"常常注意到"美丽的自然景象，比男生高8.2%。

2. 节约资源、简约消费

性别与节约资源、简约消费的道德情感和态度各问题 T 检验

项目 性别	接受别人旧衣服的 意愿 T 检验	不用珍贵树木做家 具 T 检验	有钱会买红木家具 吗 T 检验
男—女	−0.343	−1.753	−2.701**

上表是不同性别的儿童在节约资源、简约消费的道德情感和态度各问题上的差异比较。在"接受别人旧衣服的意愿"和"不用珍贵树木做家具"上，男生和女生无显著差异（$P>0.05$），而在"有钱会买红木家具吗"上，男生和女生差异非常显著（$P<0.01$）。有 68.9% 的男生表示有钱也"不会买"红木家具，比女生高 3.3%，而有 73.7% 的男生"同意"不用珍贵树木做家具，低于女生。

3. 保护生态、美化环境

性别与保护生态、美化环境的道德情感和态度各问题 T 检验

项目 性别	同学对不爱护环境 行为的反应 T 检验	儿童在环保中的作 用 T 检验	谈论环保话题 T 检验
男—女	1.387	1.620	2.571*

上表是不同性别的儿童在保护生态、美化环境的道德情感和态度各问题上的差异比较。在"同学对不爱护环境行为的反应"和"儿童在环保中的作用"上，男生和女生无显著差异（$P>0.05$），而在"谈论环保话题"上，男生和女生差异显著（$P<0.05$）。有 30.3% 的女生"经常"谈论环保话题，有 63.2% 的女生见到校园里不爱护环境的行为会"上前制止"，有 59.1% 的女生认为儿童在环保中的作用"很大"，均高于男生。

· 性别在生态道德行为上的差异

在尊重生命、热爱自然的道德行为上，男生和女生有一定的差异。

在节约资源、简约消费的道德行为上，男生和女生有一定的差异。

在保护生态、美化环境的道德行为上没有显著的性别差异。

1. 尊重生命、热爱自然

性别与尊重生命、热爱自然的道德行为各问题 T 检验

项目 性别	不应买动物放生 T 检验	动物园里喂食动物是爱护它们的行为 T 检验	对追赶广场上的鸽子的看法 T 检验
男—女	−2.847**	−2.957**	0.361

上表是不同性别的儿童在尊重生命、热爱自然的道德行为各问题上的差异比较。在"不应买动物放生"和"动物园里喂食动物是爱护它们的行为"上，男生和女生差异非常显著（$P<0.01$），有 65.5% 的男生同意买动物放生，有 75.2% 的男生"不同意"动物园里喂动物是爱护它们的行为，均高于女生。而在"对追赶广场上的鸽子的看法"上，男生和女生无显著差异（$P>0.05$），但从具体的统计数据来看，75.3% 的女生认为追赶广场上的鸽子是"不恰当"的。

2. 节约资源、简约消费

性别与节约资源、简约消费的道德行为各问题 T 检验

项目 性别	一次性用品使用情况 T 检验	勤俭节约现象的普及程度 T 检验
男—女	−2.241***	−3.005**

上表是不同性别的儿童在节约资源、简约消费的道德行为各问题上的差异比较。在三个问题上，男生和女生差异非常显著（$P<0.01$）。有 39.5% 的男生"不使用"一次性用品，高于女生。有 8.7% 的男生认为同学当中勤俭节约的现象"不少"，认为"有一些"的有 42.3%，均高于女生。

3. 保护生态、美化环境

性别与保护生态、美化环境的道德行为各问题 T 检验

项目 性别	践踏绿草地情况 T 检验	同学塑料袋使用 T 检验
男—女	0.458	−0.403

上表是不同性别儿童在保护生态、美化环境的道德行为各问题上的差异比较。在"践踏绿草地情况"和"同学塑料袋使用"上，男生和女生无显著差异（$P>0.05$）。

3.4.2 年龄差异

年龄不同，在生态道德认知、情感和态度、行为方面就会有差异。我们按照二级维度来进行统计分析，结果表明，这些差异是存在的。

·从总体上看，中国儿童的生态道德状况有一定的年龄差异，有时差异还很显著。在尊重生命、热爱自然，节约资源、简约消费，保护生态、美化环境三个维度上，不同年龄的儿童还没有形成一定的"知—情—意—行"的规律，生态道德认知、情感和态度、行为因其具体问题的不同而发生变化。从调查分析可知，儿童的生态道德认知水平并没有随年龄的增长而不断提高，道德情感和态度也没有随年龄的增长而变得更强烈、更明确，道德行为也没有随年龄的增长而变得更好。

在具体的调研过程中，我们是按照年级来调查年龄差异的，我们把3年级、4年级划分为一组，称低年级组，5年级、6年级划分为一组，称高年级组。根据统计数据，不同性别在生态道德认知、生态道德情感和态度、生态道德行为上的分析如下。

·**年龄在生态道德认知上的差异**

在尊重生命、热爱自然的道德认知上，对于宏观的、方向性问题，不同年龄儿童的生态道德认知水平相当，而对于一些具体的、现实的、需要综合判断的问题，不同年龄儿童的生态道德认知水平有一定的差异，有时差异还很显著。

在节约资源、简约消费的道德认知上，低年级组与高年级组的道德认知水平有显著性差异，年龄越大，儿童的道德认知水平越高。

在保护生态、美化环境的评价性知识的道德认知上，不同年龄的儿童有一定的差异，有时差异还很显著，并非高年级组的儿童，其生态道德认知水平就越高，有时低年级组儿童的生态道德认知水平高于高年级组的儿童。

1. 尊重生命、热爱自然

项目 年级	对尊重和保护动物的看法 T 检验	知道中国的植树节吗 T 检验	不干扰野生动物的生活就是保护它们 T 检验	动物园里喂食动物是爱护它们 T 检验	不应买动物放生 T 检验
3—4	−1.019	0.317	−1.213	−2.664＊＊	−1.147
3—5	−0.190	−0.350	−2.499＊	−3.598＊＊＊	−3.391＊＊
3—6	0.360	1.261	−3.285＊＊	−1.095	−0.767
4—6	1.148	1.024	−2.257＊	1.250	0.269
5—6	0.535	1.679	−0.986	2.251＊	2.364＊
4—5	0.877	−0.701	−1.356	−1.460	−2.307＊

年级与尊重生命、热爱自然的道德认知各问题 T 检验

上表是不同年级的儿童在尊重生命、热爱自然的道德认知各问题上的差异比较。在"对尊重和保护动物的看法"和"知道中国的植树节吗"上，3 年级、4 年级、5 年级、6 年级之间无显著差异（$P > 0.05$）。在"不干扰野生动物的生活就是保护它们"上，3 年级与 5 年级、3 年级与 6 年级、4 年级与 6 年级差异显著（$P < 0.05$），3 年级有 66.6％的儿童"同意"不干扰野生动物的生活就是保护它们，年级越高，这一比例越低。在"动物园里喂食动物是爱护它们"上，3 年级与 4 年级、3 年级与 5 年级、5 年级与 6 年级差异显著（$P < 0.05$），4 年级有 84.4％的儿童"不同意"动物园里喂食动物是爱护它们的行为，依次是 5 年级、6 年级、3 年级。在"不应买动物放生"上，3 年级与 5 年级、5 年级与 6 年级、4 年级与 5 年级差异显著（$P < 0.05$），5 年级有 62.2％的儿童同意买动物放生，依次是 4 年级、6 年级、3 年级。由此得出，在宏观的、方向性问题上，不同年龄的儿童在尊重生命、热爱自然上的生态道德认知水平相当，而在一些具体的、现实的、需要综合判断的问题上，不同年龄的儿童在尊重生命、热爱自然上的生态道德认知水平上有一定的差异，有时差异还很显著。

2. 节约资源、简约消费

年级与节约资源、简约消费的道德认知各问题 T 检验

项目 年级	空调节能的度数 T 检验
3—4	−2.714**
3—5	−5.736***
3—6	−7.155***
4—6	−4.793***
5—6	−1.896
4—5	−3.137**

　　上表是不同年级的儿童在节约资源、简约消费的道德认知上的差异比较。在"空调节能的度数"上，除了 5 年级与 6 年级无显著差异（$P>0.05$）外，其他年级之间差异非常显著（$P<0.01$）。回答空调节能的度数是"26"的儿童，3 年级有 22.1%，4 年级有 26.7%，5 年级有 33.7%，6 年级有 39.2%，即年级越高，回答正确的比例越高。这表明在节约资源、简约消费上低年级儿童与高年级儿童的道德认知水平有显著性差异，年龄越大，儿童的道德认知水平越高。

3. 保护生态、美化环境

年级与保护生态、美化环境的道德认知各问题 T 检验

项目 年级	对人类活动导致温室效应的看法 T 检验	减少日常用品的消费量就是保护生态 T 检验	从国外进口资源以保护我国资源 T 检验
3—4	0.494	−1.081	0.989
3—5	2.932**	−3.383**	−0.101
3—6	5.193***	−2.013*	1.451
4—6	5.897***	−1.065	0.596
5—6	3.150**	1.092	1.558
4—5	2.971**	−2.383*	−1.102

儿童生态道德教育导论

上表是不同年级的儿童在保护生态、美化环境的道德认知各问题上的差异比较。在"对人类活动导致温室效应的看法"上，除了3年级与4年级无显著差异（$P>0.05$）外，其他年级之间均有非常显著的差异（$P<0.01$），6年级有48.6%的儿童认为主要是人类活动加剧了温室效应使得全球变暖，越是高年级的儿童，回答"正确"的比例越高，而在"减少日常用品的消费量就是保护生态"上，越是高年级的儿童，回答"同意"的比例越低。在"从国外进口资源以保护我国资源"上，不同年级之间均无显著差异（$P>0.05$）。这几个问题都是关于保护生态、美化环境的评价性知识的道德认知，不同年龄的儿童有一定的差异，有时差异还很显著，而且并非高年级组的儿童的生态道德认知水平越高，有时低年级组的儿童的生态道德认知水平高于高年级组的儿童。

· **年龄在生态道德情感和态度上的差异**

在尊重生命、热爱自然，保护生态、美化环境的道德情感和态度上有年龄差异，有时差异还很显著，不同年龄的儿童还没有形成一定的情感规律，态度也因其具体问题的不同而有变化。

在节约资源、简约消费的道德情感和态度上基本没有显著的年龄差异。

1. 尊重生命、热爱自然

年级与尊重生命、热爱自然的道德情感和态度各问题 T 检验

项目 / 年级	对父母买回小鸟来喂养的感受 T 检验	对小朋友追赶广场上的鸽子的看法 T 检验	对美丽的自然景象的注意程度 T 检验
3—4	0.964	−0.849	0.279
3—5	2.110*	−1.979*	−0.810
3—6	5.655***	−0.253	4.285***
4—6	5.024***	0.544	4.057***
5—6	3.985***	1.645	4.971***
4—5	1.198	−1.221	−1.092

上表是不同年级的儿童在尊重生命、热爱自然的道德情感和态度各问题上的差异比较。在"对父母买回小鸟来喂养的感受"上，3 年级与 5 年级、3 年级与 6 年级、4 年级与 6 年级、5 年级与 6 年级差异显著（$P<0.05$），3 年级有 61.2％的儿童"不愿意，想放了"，越往高年级，作出这种回答的比例越低。在"对小朋友追赶广场上的鸽子的看法"上，只有 3 年级与 5 年级差异显著（$P<0.05$），其他年级之间均无显著差异（$P>0.05$）。越是低年级的儿童，认为小朋友追赶广场上的鸽子是"正常"的比例越低。在"对美丽的自然景象的注意程度"上，3 年级与 6 年级、4 年级与 6 年级、5 年级与 6 年级差异极其显著（$P<0.001$）。5 年级有 64.0％的儿童"常常注意到"美丽的自然景象，依次是 3 年级、4 年级、6 年级。

2. 节约资源、简约消费

年级与节约资源、简约消费的道德情感和态度各问题 T 检验			
项目 年级	接受别人旧衣服的意愿 T 检验	不用珍贵树木做家具 T 检验	有钱会买红木家具吗 T 检验
3—4	1.146	−1.836	−0.634
3—5	2.403 *	0.203	−1.611
3—6	1.862	−0.663	−0.449
4—6	0.918	0.974	0.134
5—6	−0.283	−0.811	1.061
4—5	1.357	1.965	−1.007

上表是不同年级儿童在节约资源、简约消费的道德情感和态度各问题上的差异比较。在"接受别人旧衣服的意愿"上，只有 3 年级与 5 年级差异显著（$P<0.05$），其他年级之间均无显著差异（$P>0.05$）。在"不用珍贵树木做家具"和"有钱会买红木家具吗"上，不同年级之间均无显著差异（$P>0.05$）。

3. 保护生态、美化环境

年级与保护生态、美化环境的道德情感和态度各问题 T 检验

项目 年级	同学对不爱护环境行为的反应 T 检验	儿童在环保中的作用 T 检验	谈论环保话题 T 检验
3—4	0.511	1.883	−1.043
3—5	−1.878	2.082*	−1.406
3—6	−3.495***	2.309*	−3.152**
4—6	−4.141***	1.163	−2.211*
5—6	−1.687	0.824	−1.926
4—5	−2.465*	0.376	−0.354

上表是不同年级的儿童在保护生态、美化环境的道德情感和态度各问题上的差异比较。在"同学对不爱护环境行为的反应"上，3年级与6年级、4年级与6年级、4年级与5年级差异显著（$P<0.05$），4年级有64.9％的儿童会"上前制止"，依次是3年级、5年级、6年级，3年级有24.5％的儿童会"报告老师"，年级越高，作出相应回答的比例越低。在"儿童在环保中的作用"上，3年级与5年级、3年级与6年级差异显著（$P<0.05$），6年级有59.5％的儿童认为儿童在环保中的作用"很大"，年级越低，作出相应回答的比例越低。在"谈论环保话题"上，3年级与6年级、4年级与6年级差异显著（$P<0.05$），3年级有31.2％的儿童"经常"谈论环保话题，年级越高，作出相应回答的比例越低。

·年龄在生态道德行为上的差异

在尊重生命、热爱自然的道德行为上有年龄差异，有时差异还很显著，不同年龄的儿童还没有形成一定的行为规律，实际行为也因其具体问题的不同而有变化。

在节约资源、简约消费的道德行为上有年龄差异，有时差异还很显著，低年级组的儿童在其自身的行为上比高年级组的儿童做得好，但对身边的儿童在节约资源、简约消费上的道德行为的评价不如6年级的儿童高。

在保护生态、美化环境的道德行为上基本没有显著的年龄差异。

1. 尊重生命、热爱自然

年级与尊重生命、热爱自然的道德行为各问题 T 检验

项目 年级	不应买动物放生 T 检验	动物园里喂食动物是爱护它们的行为 T 检验	对追赶广场上的鸽子的看法 T 检验
3—4	−1.147	−2.664**	−0.849
3—5	−3.391**	−3.598***	−1.979*
3—6	−0.767	−1.095	−0.253
4—6	0.269	1.250	0.544
5—6	2.364*	2.251*	1.645
4—5	−2.307*	−1.460	−1.221

　　上表是不同年级的儿童在尊重生命、热爱自然的生态道德行为各问题上的差异比较。在"不应买动物放生"上，3 年级与 5 年级、5 年级与 6 年级、4 年级与 5 年级差异显著（$P<0.05$），5 年级有 62.2% 的儿童同意买动物放生，依次是 4 年级、6 年级、3 年级；在"动物园里喂食动物是爱护它们的行为"上，3 年级与 4 年级、3 年级与 5 年级、5 年级与 6 年级差异显著（$P<0.05$），4 年级有 84.4% 的儿童"不同意"动物园里喂食动物是爱护它们的行为，依次是 5 年级、6 年级、3 年级；在"对追赶广场上的鸽子的看法"上，只有 3 年级与 5 年级差异显著（$P<0.05$），其他年级之间均无显著差异（$P>0.05$），越是低年级的儿童，认为小朋友追赶广场上的鸽子是"正常"的比例越低。

2. 节约资源、简约消费

年级与节约资源、简约消费的道德行为各问题 T 检验

项目 年级	一次性用品使用情况 T 检验	勤俭节约现象的普及程度 T 检验
3—4	2.033*	−0.497
3—5	−0.848	−2.233*

续表

项目 年级	一次性用品使用情况 T 检验	勤俭节约现象的普及程度 T 检验
3—6	−0.932	1.058
4—6	−2.785＊＊	1.457
5—6	−0.148	2.674＊＊
4—5	−2.870＊＊	−1.811

上表是不同年级的儿童在节约资源、简约消费的道德行为各问题上的差异比较。在"一次性用品使用情况"上，3年级与4年级、4年级与6年级、4年级与5年级差异显著（$P<0.05$），4年级有40.7％的儿童"不使用"一次性用品，依次是3年级、5年级、6年级；在"勤俭节约现象的普及程度"上，3年级与5年级、5年级与6年级差异显著（$P<0.05$），6年级有9.4％的儿童认为同学当中勤俭节约的现象"不少"，认为"有一些"的有46.1％，均高于其他年级。

3. 保护生态、美化环境

年级与保护生态、美化环境的道德行为各选项 T 检验		
项目 年级	践踏绿草地情况 T 检验	同学塑料袋使用 T 检验
3—4	2.611＊＊	0.979
3—5	2.114＊	0.162
3—6	1.440	0.740
4—6	−0.793	−0.123
5—6	−0.364	0.592
4—5	−0.507	−0.811

上表是不同年级儿童在保护生态、美化环境的道德行为各选项上的差异比较。在"践踏绿草地情况"和"同学塑料袋使用"上，3 年级与 6 年级、4 年级与 6 年级、5 年级与 6 年级、4 年级与 5 年级均无显著差异（$P>0.05$）。这在一定程度上可以说明在保护生态、美化环境的道德行为上基本没有年龄差异。

3.5 中国儿童生态道德状况的特征分析

3.5.1 中国儿童的生态道德状况是可定性描述的，城市之间存在一定的差异，但差异不是很显著，而且不存在东、中、西的差异，儿童的生态道德状况受经济文化、生活水平、自然禀赋以及生态地理的影响甚微，但与各城市生态道德教育活动的开展、环境保护的文化氛围等主观努力有关。

3.5.2 中国儿童的生态道德状况存在着性别差异，不同性别的儿童还没有形成一定的"知—情—意—行"的规律，生态道德认知、情感和态度、行为因其具体问题的不同而发生变化。儿童的生态道德状况受男生和女生的性格特点、兴趣爱好、思维方式以及各地开展的生态道德教育效果的影响。

3.5.3 中国儿童的生态道德发展是有一定规律可循的，虽然统计数据表明，不同年级（或年龄）之间还没有形成一定的"知—情—意—行"的规律，但是儿童的生态道德发展是有其自身规律和特点的，通过学校、家庭和社会的生态道德教育可以不断提高儿童的生态道德认知水平，再加以情感教育、体验教育，不断强化生态道德践履，势必会使儿童的生态道德状况随年龄的增长而不断发展。

儿童的生态道德品质是可塑的，但在尊重生命、热爱自然，节约资源、简约消费，保护生态、美化环境三个维度上，不同地域、不同性别、不同年龄的儿童还没有形成一定的"知—情—意—行"的规律，例如，生态道德认知水平较高、情感和态度却容易发生变化，行为难落实，不能形成习惯。统计数据表明，儿童的生态道德认知水平较高，但生态道德情感和态度比较薄弱，是一个脆弱的环节，而生态道德行为良莠不齐。这表明儿童的生态道德习惯还没有养成，言行不一的现象比较严重。

3.6 中国儿童生态教育状况分析

3.6.1 生态教育方式

单位：%

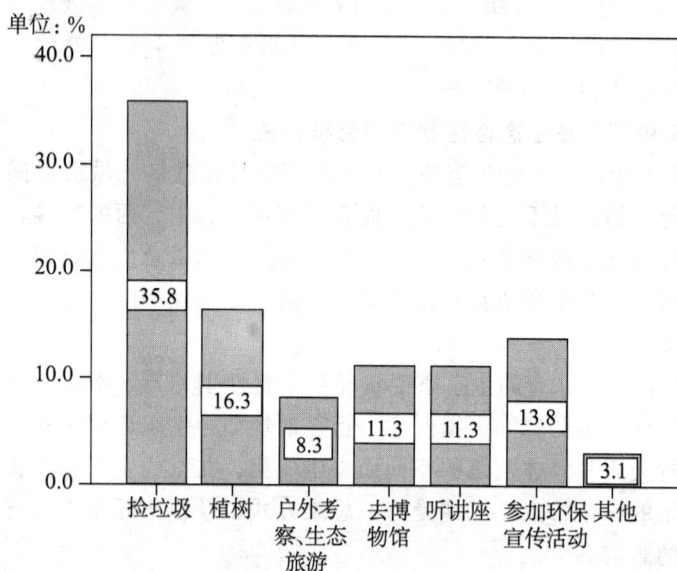

参加的生态教育活动

由上图可知，儿童参加的生态教育活动中，捡垃圾仍然是主要的方式，占35.8%，其次是植树、参加环保宣传活动、去博物馆或听讲座、户外考察或生态旅游。

根据相关分析的统计数据，地域、性别、年级（年龄）与参加的生态教育活动的相关系数均小于0.3，为弱相关。下表是不同城市、不同年级（年龄）、不同性别的儿童与参加过的生态教育活动的 T 检验。

城市、年级、性别与儿童参加的生态教育活动 T 检验

项目 组别	参加的生态教育活动 T 检验	项目 组别	参加的生态教育活动 T 检验	项目 组别	参加的生态教育活动 T 检验
宜昌—南昌	−3.388**	贵阳—南昌	−0.597	沈阳—青岛	5.803***
宜昌—青岛	−1.830	贵阳—青岛	−2.297*	沈阳—南通	5.528***

组别\项目	参加的生态教育活动 T 检验	组别\项目	参加的生态教育活动 T 检验	组别\项目	参加的生态教育活动 T 检验
宜昌—南通	−1.901	贵阳—南通	−2.116*	南通—南昌	1.655
宜昌—沈阳	−6.906***	贵阳—沈阳	2.964**	南通—青岛	−0.144
宜昌—贵阳	−3.658***	沈阳—南昌	3.849***	青岛—南昌	−1.879
3 年级—4 年级	0.848	3 年级—6 年级	−2.034*	5 年级—6 年级	−1.197
3 年级—5 年级	−0.858	4 年级—6 年级	−2.773**	4 年级—5 年级	−1.679
男—女	−1.505**				

在地域上，有 9 组城市差异显著（$P<0.05$），6 组城市无显著差异（$P>0.05$）。在年龄上，有 2 组年级差异显著（$P<0.05$），其他年级之间均无显著差异（$P>0.05$）。在性别上，男生与女生差异非常显著（$P<0.01$）。

由此我们可以得出，儿童参加的生态教育活动有城市差异、年龄差异和性别差异。各地的生态教育呈现出多种形态，不同城市的儿童所参加的生态教育活动主要就是我们所调查的这几项，选择"其他"的均不足 5%。低年级组的儿童参加的主要是具体的、力所能及的生态教育实践以及作为"受教育客体"的"听讲座"，而高年级组的儿童参加的主要是认知性、体验性的生态教育活动，以及自身作为"教育者""传播者"的环保宣传活动。在参加的生态教育活动上，男生、女生的差异主要是由兴趣、爱好以及性格特点决定的。因此，各地在开展生态教育活动时，要利用好当地的生态教育资源，考虑到年龄和性别因素，以使所开展的生态教育活动更具有针对性和实效性。

3.6.2 生态教育渠道

单位：%

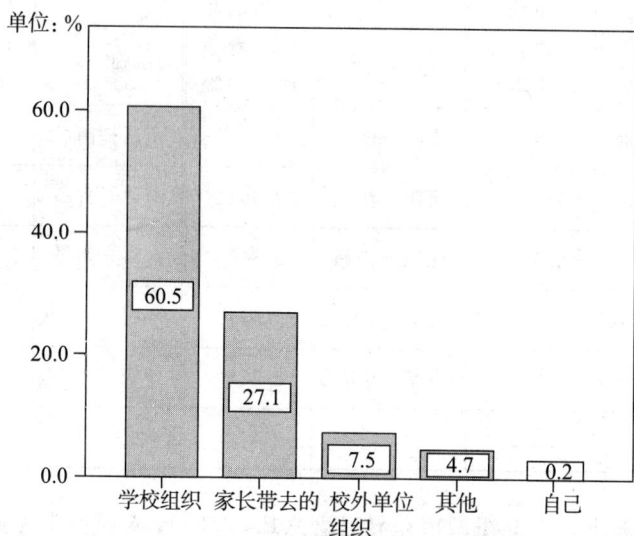

参加环境教育活动的渠道

由上图可知，在儿童参加生态教育活动的渠道上，不同城市、不同年级、不同性别的儿童主要都是由"学校组织"和"家长带去的"，分别占 60.5％和 27.1％。

下表是不同城市、不同年级（年龄）、不同性别的儿童与参加的生态教育活动的渠道 T 检验。

城市、年级、性别与儿童参加生态教育活动的渠道 T 检验					
组别 \ 项目	参加的生态教育活动的渠道 T 检验	组别 \ 项目	参加的生态教育活动的渠道 T 检验	组别 \ 项目	参加的生态教育活动的渠道 T 检验
宜昌—南昌	2.045*	贵阳—南昌	−2.411*	沈阳—青岛	−1.134
宜昌—青岛	0.290	贵阳—青岛	−0.759	沈阳—南通	−0.994
宜昌—南通	0.420	贵阳—南通	−0.883	南通—南昌	−1.765
宜昌—沈阳	1.329	贵阳—沈阳	−1.716	南通—青岛	0.137
宜昌—贵阳	−0.458	沈阳—南昌	0.700	青岛—南昌	−1.955

项目 / 组别	参加的生态教育活动的渠道 T检验	项目 / 组别	参加的生态教育活动的渠道 T检验	项目 / 组别	参加的生态教育活动的渠道 T检验
3年级—4年级	2.422*	3年级—6年级	1.123	5年级—6年级	−1.698
3年级—5年级	3.073**	4年级—6年级	−1.078	4年级—5年级	0.706
男—女	0.335				

在地域上，南昌与贵阳、宜昌差异显著（$P<0.05$），其他城市之间均无显著差异（$P>0.05$）。在年龄上，3年级与4年级，3年级与5年级差异显著（$P<0.05$），其他年级之间均无显著差异（$P>0.05$）。在性别上，男生与女生无显著差异（$P>0.05$）。

3.6.3 生态教育方法

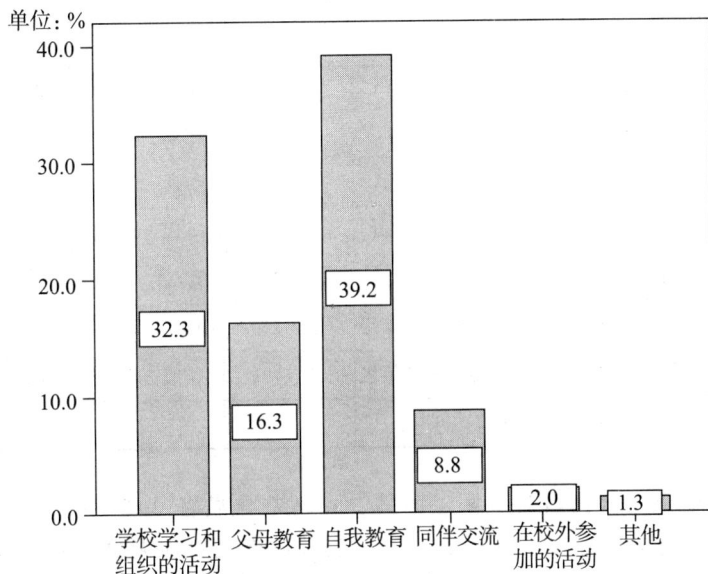

环境知识、对环境的态度以及环境保护能力获得的方法

由上图可知，在儿童的环境知识、对环境的态度以及环境保护能力获得的方法上，不同城市、不同年级、不同性别都主要是由"自我教

育""学校学习和组织的活动"和"父母教育",分别占 39.2%、32.3%、16.3%。

根据相关分析的统计数据,地域、性别、年级(年龄)与参加生态教育活动的渠道的相关系数均小于 0.3,为弱相关。下表是不同城市、不同年级(年龄)、不同性别的儿童与儿童的环境知识、对环境的态度以及环境保护能力获得的方法 T 检验。

城市、年级、性别与儿童的环境知识、对环境的态度以及环境保护能力获得的方法 T 检验

组别　　项目	环境知识、对环境的态度以及环境保护能力获得的途径 T 检验	组别　　项目	环境知识、对环境的态度以及环境保护能力获得的途径 T 检验	组别　　项目	环境知识、对环境的态度以及环境保护能力获得的途径 T 检验
宜昌—南昌	2.287*	贵阳—南昌	0.903	沈阳—青岛	1.970*
宜昌—青岛	2.544*	贵阳—青岛	0.168	沈阳—南通	1.158
宜昌—南通	1.890	贵阳—南通	1.166	南通—南昌	−0.343
宜昌—沈阳	0.749	贵阳—沈阳	2.198*	南通—青岛	−0.979
宜昌—贵阳	2.850**	沈阳—南昌	1.539	青岛—南昌	−0.714
3 年级—4 年级	1.995*	3 年级—6 年级	2.070*	5 年级—6 年级	0.431
3 年级—5 年级	1.968*	4 年级—6 年级	0.449	4 年级—5 年级	0.015
男—女	2.883**				

在地域上,宜昌与贵阳、南昌、青岛差异显著($P<0.05$),沈阳与贵阳、青岛差异显著($P<0.05$),其他城市之间均无显著差异($P>0.05$)。在我们所调查的各选项上,6 个城市的儿童所分占的比例结构基本是一致的。这表明不同城市的儿童在环境知识、对环境的态度以及环境保护能力获得的方法上虽然有一定的差异,但方向还是趋同的,有一定的共性。在年龄上,3 年级与 4 年级、3 年级与 5 年级、3 年级与 6

年级差异显著（$P<0.05$），其他年级之间均无显著差异（$P>0.05$），低年级组的儿童更依赖于学校的生态教育活动和父母教育，而高年级组的儿童相对比较独立，自主意识比较强。在性别上，男生与女生差异非常显著（$P<0.01$），男生更认同自我教育，而女生则比较容易受到学校、父母、同伴的影响。

由此可以得出，儿童的环境知识、对环境的态度以及环境保护能力获得的方法有地域差异、年龄差异和性别差异。因此，各地应该利用当地的生态教育资源，充分调动儿童的主动性，加强情感教育、体验教育，让儿童切实融入到自觉爱护环境、保护生态的现实活动中来，努力提高生态教育活动的实效性。

3.6.4 生态教育内容

单位：%

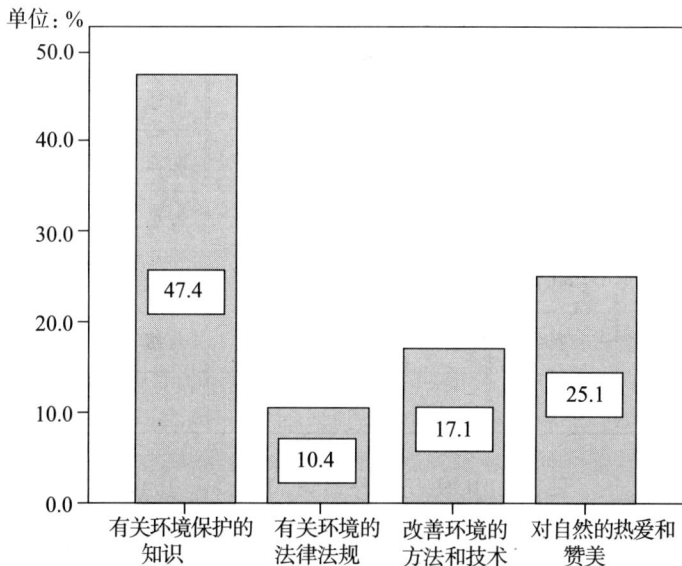

学校生态教育的主要内容

由上图可知，不同城市、不同年级、不同性别的儿童认为在学校获得的环保教育的主要内容依次是"有关环境保护的知识""对自然的热爱和赞美""改善环境的方法和技术""有关环境的法律法规"。这表明儿童在学校获得的生态教育主要是一些生态知识的学习和对大自然的情感教育。

　　根据相关分析的统计数据，地域、性别、年级（年龄）与学校生态教育的主要内容的相关系数均小于0.3，为弱相关。下表是不同城市、不同年级（年龄）、不同性别的儿童与学校生态教育的主要内容 T 检验。

城市、年级、性别与学校生态教育的主要内容 T 检验

组别 ＼ 项目	学校生态教育主要内容 T 检验	组别 ＼ 项目	学校生态教育主要内容 T 检验	组别 ＼ 项目	学校生态教育主要内容 T 检验
宜昌—南昌	5.745***	贵阳—南昌	0.721	沈阳—青岛	0.372
宜昌—青岛	3.586***	贵阳—青岛	2.986**	沈阳—南通	3.123**
宜昌—南通	6.146***	贵阳—南通	0.248	南通—南昌	0.507
宜昌—沈阳	3.085**	贵阳—沈阳	3.180**	南通—青岛	2.965**
宜昌—贵阳	6.068***	沈阳—南昌	2.678**	青岛—南昌	2.504*
3年级—4年级	1.461	3年级—6年级	−1.554	5年级—6年级	−1.282
3年级—5年级	−0.300	4年级—6年级	−2.945**	4年级—5年级	−1.773
男—女	−1.473				

　　在地域上，只有4组城市差异显著（$P<0.05$），其他11组城市均有显著差异（$P<0.05$），这表明不同城市的生态教育的主要内容是有差异的，有的差异还很显著。在年龄上，4年级与6年级差异非常显著（$P<0.01$），其他年级之间均无显著差异（$P>0.05$）。从统计结果来看，低年级组的儿童在学校的生态教育中获得的主要是生态知识、环境法规这样的事实性知识，而高年级组的儿童获得的情感教育和生态实践教育多一点。在性别上，男生与女生无显著差异（$P>0.05$）。

　　由此可以得出，儿童在学校获得的生态教育的主要内容有地域差异，年龄差异不显著。儿童在学校的生态教育主要是一些生态知识的学

习和对大自然的情感教育，至于环境法规、环保技术等需要认知程度较高的知识则学习得较少。因此，各地应该加强儿童有关环境法规、环保技术等方面的知识学习，加大生态实践教育、体验教育的力度，切实提高儿童的生态认知水平和生态保护能力。

3.6.5 生态教育效果

单位：%

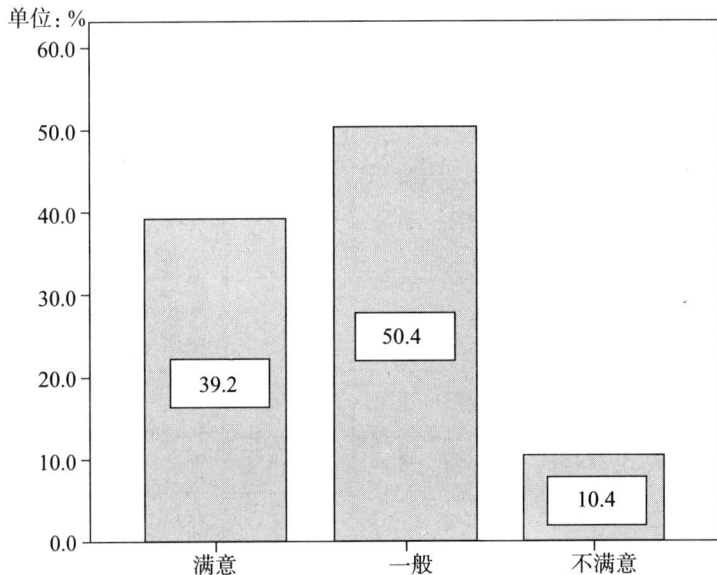

对其同学所具有的环境知识、环境态度以及环保能力的满意度

由上图可知，儿童对其同学所具有的环境知识、环境态度与环保能力的评价不高，满意率只有 39.2%，评价"一般"和"不满意"的占到 60.8%。

根据相关分析的统计数据，地域、性别、年级（年龄）与儿童对其同学所具有的环境知识、环境态度以及环保能力的满意度的相关系数均小于 0.3，为弱相关。下表是不同城市、不同年级（年龄）、不同性别的儿童与儿童对其同学所具有的环境知识、环境态度以及环保能力的满意度 T 检验。

城市、年级、性别与儿童对其同学
所具有的环境知识、环境态度以及环保能力的满意度 T 检验

组别　　项目	对其同学所具有的环境知识、环境态度以及环保能力的满意度 T 检验	组别　　项目	对其同学所具有的环境知识、环境态度以及环保能力的满意度 T 检验	组别　　项目	对其同学所具有的环境知识、环境态度以及环保能力的满意度 T 检验
宜昌—南昌	5.659***	贵阳—南昌	−2.221*	沈阳—青岛	−0.808
宜昌—青岛	0.156	贵阳—青岛	3.254**	沈阳—南通	1.255
宜昌—南通	2.019*	贵阳—南通	1.134	南通—南昌	−3.768***
宜昌—沈阳	0.837	贵阳—沈阳	2.284*	南通—青岛	2.210*
宜昌—贵阳	2.925**	沈阳—南昌	−5.068***	青岛—南昌	6.515***
3年级—4年级	−1.005	3年级—6年级	−2.276*	5年级—6年级	0.564
3年级—5年级	−3.171**	4年级—6年级	−1.356	4年级—5年级	−2.150*
男—女	0.406				

在地域上，南昌与贵阳、青岛、南通、沈阳、宜昌差异显著（$P<$ 0.05），贵阳与宜昌、南昌、青岛、沈阳差异显著（$P<0.05$）。在年龄上，3年级与5年级、3年级与6年级、4年级与5年级差异显著（$P<$ 0.05），其他年级之间均无显著差异（$P>0.05$），越是高年级的儿童，对其同学所具有的环境知识、环境态度、环保能力的满意度越低。在性别上，男生与女生无显著差异（$P>0.05$）。

3.6.6 生态教育的改进方向

单位：%

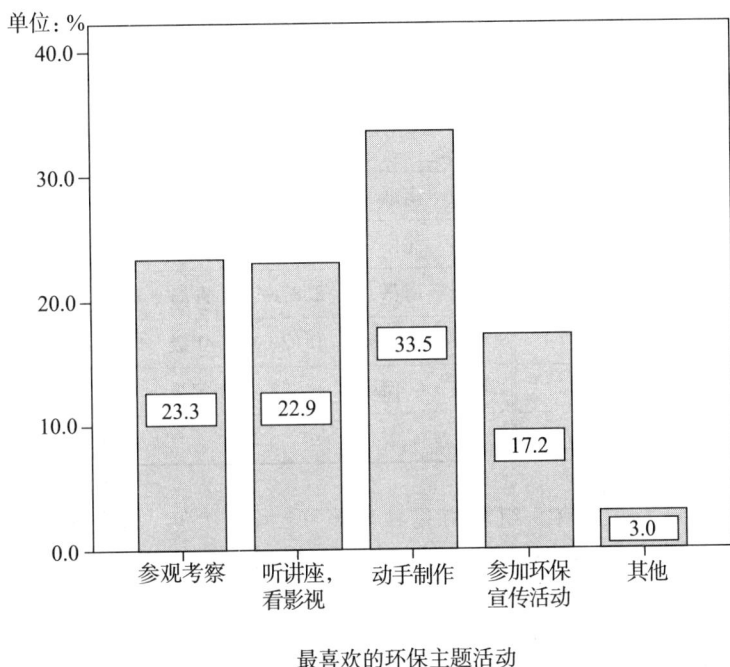

最喜欢的环保主题活动

由上图可知，儿童最喜欢的环保主题活动依次是动手制作、参观考察、听讲座或看影视、参加环保宣传活动。由此看来，儿童更喜欢参与环保实践，至于听、看、说、写等一般性的环保宣传则不是很感兴趣。

根据相关分析的统计数据，地域、性别、年级（年龄）与儿童最喜欢的环保主题活动的相关系数均小于0.3，为弱相关。下表是不同城市、不同年级（年龄）、不同性别的儿童与儿童最喜欢的环保主题活动 T 检验。

城市、年级、性别与儿童最喜欢的环保主题活动 T 检验					
组别＼项目	同学们最喜欢的环保主题活动 T 检验	组别＼项目	同学们最喜欢的环保主题活动 T 检验	组别＼项目	同学们最喜欢的环保主题活动 T 检验
宜昌—南昌	2.240*	贵阳—南昌	−1.181	沈阳—青岛	2.171*
宜昌—青岛	1.625	贵阳—青岛	−0.625	沈阳—南通	3.198**

续表

项目 / 组别	同学们最喜欢的环保主题活动 T 检验	项目 / 组别	同学们最喜欢的环保主题活动 T 检验	项目 / 组别	同学们最喜欢的环保主题活动 T 检验
宜昌—南通	2.529*	贵阳—南通	−1.477	南通—南昌	0.342
宜昌—沈阳	−0.386	贵阳—沈阳	1.407	南通—青岛	0.883
宜昌—贵阳	0.931	沈阳—南昌	2.878**	青岛—南昌	0.569
3 年级—4 年级	0.617	3 年级—6 年级	1.829	5 年级—6 年级	2.549*
3 年级—5 年级	−0.762	4 年级—6 年级	1.357	4 年级—5 年级	−1.423
男—女	−2.907**				

在地域上，只有 5 组城市差异显著（$P<0.05$），其他城市之间均无显著差异（$P>0.05$）。在年龄上，5 年级与 6 年级差异非常显著（$P<0.01$），其他年级之间均无显著差异（$P>0.05$）。在性别上，男生与女生差异非常显著（$P<0.01$）。

(四) 原因与对策

4.1 影响中国儿童生态道德状况的原因

影响儿童生态道德发展的因素主要来自两个方面，一是儿童自身因素（儿童道德认知的特点和发展规律、年龄、经验等）；二是外在环境因素（家庭、学校和社会）。

4.1.1 儿童自身的因素

首先，儿童的道德认知特点和发展规律不利于他们了解和掌握生态知识、生态规律以及根据不同的生态状况作出逻辑判断。通过调查分析，我们得出：儿童在生态道德认知方面已经具有了一定的评价性知识和经验性知识，具有一定的生态道德判断能力，对切近自身的生态现象、生态问题能够作出较为正确的道德判断。但对于事实性的生态道德知识，儿童是明显缺乏的，即使具备也未必能够清楚地知道"为什么"，很有可能是通过"告知——记忆"而获得的。深究其原因，就在于：事实性知识要运用逻辑—认知方法来掌握其中的概念、范畴、规律及其逻辑推导过程，而儿童的认识能力以及所具有的科学知识还不能熟练运用这一方法。因此，不断提高儿童的逻辑—认知能力，使其掌握更多的生态道德知识，提高其生态道德认知水平，是今后改善儿童的生态道德状况的首要任务。

其次，儿童年龄小、依赖性强、生活经验不足、缺乏生态体验的客观现实不利于培养他们的生态道德情感，坚定他们的生态道德态度。调查分析表明，儿童具有天然的亲自然倾向，具有一定的生态道德情感和态度，但在实际生活中、在具体的道德行为上又缺乏如何爱、如何做的认识和行动，儿童的生态价值观还没有真正形成，还比较薄弱。《中小学生态教育实施指南》提出，在小学 1～6 年级，生态教育的情感、态度和价值观的目标是"欣赏自然的美，尊重生物生存的权利""尊重、关爱和善待他人，乐于和他人分享""意识到需求与欲望的差别，崇尚自然简朴的生活""尊重不同文化传统中人们认识和保护自然的方式与习俗""认同公民的环境权利和义务，积极参与学校和社区保护环境的行动，对破坏环境的行为敢于批评"。然而，我国儿童的生态教育、生态道德教育离这些方面的目标还有一定的差距。因此，创设情境和机会，使儿童在特定的氛围和实践活动中感受、体验与内化正确的生态道德情感和态度应成为今后生态教育、生态道德教育的重点。

最后，儿童内在的生态责任感的缺乏使得他们自身的生态道德行为总是让人不甚满意，消极环境行为比较严重，与自身的生态道德认知相违背的行为常有发生。儿童的生态道德行为主要是指自己的相关行为表现、互助合作情况、对他人相关行为所作出的反应。统计分析表明：儿童对于自己的行为还缺乏比较明晰的倾向，但是，对于他人破坏环境的行为，他们却容易判断并作出正确的选择。因此，在生态道德认知水平有限、缺乏正确的生态道德情感和态度的情况下，儿童对自我的行为难以抑制，还没有把生态道德内化为指导自己行为的信念，但是，这并没有妨碍他们对他人的不道德行为表现出外向的道德感，即外在的生态义务感。因此，加强儿童生态责任感的培养和提高，使其自觉践行生态道德，是今后生态教育、生态道德教育的重中之重。

4.1.2 外在环境因素

（1）观念不到位

生态道德素质是儿童道德素养的一个重要组成部分，是改善和提高儿童生态道德水准的重要前提。但是，通过采访调研，我们发现，这样一个认识虽然在学校、教师和家长的表态中普遍得到认可，但在实践中却没有得到足够的重视。

首先，从学校来看，无论是对学生实施正规教育的各种课程，还是非正规教育的形式（课外活动、校外活动或各种培训、指导等），对学生生态道德的教育都比较薄弱。调查访谈中我们了解到，从校领导到任课教师、班主任、少先队辅导员、团委负责人等，都对"生态教育"存在不清晰的认识和看法，生态教育并没有纳入主流教育的课程体系，学校也没有对具体学科的教师提出在本学科中渗透实施生态道德教育的要求，在课程教学过程中，主要看教师的个人觉悟和素养对学生进行生态环境知识与道德方面的影响。

其次，在不少家长看来，他们对儿童的要求主要是提高学习成绩，提高应对今后进入社会的各种经验，没有关注在日常生活中培养儿童的生态道德素质。

最后，从社会组织——主要是环保组织来看，它们具有培养儿童生态理念的意愿，但由于人员少、与学校沟通少等原因，没有充分发挥出作用。调查显示校外教育机构开展和从事生态教育类活动的课程也是凤毛麟角。诸多原因造成了学校生态道德教育的空白或边缘化。

因此，提高有关职能部门、学校、教师、家长和社会组织对儿童生态道德教育的重要性的认识是改善儿童生态道德状况的前提条件。

（2）方法不到位

当前生态道德教育没有结合儿童的成长规律、道德发展规律，没有充分体现生态道德教育实践性强的特点，实际效果不理想。主要问题表现在：一是教育的内容与儿童的生活相脱节，远离了儿童的生活世界；二是以成人的生活世界来代替儿童的生活世界，缺乏关注儿童的心理特点，也就是失去对儿童的了解；三是教育中缺乏生活气息，使教育丧失了生命的活力。

长期以来，学校的生态教育多停留在生态知识的层面，忽视生态道德情感、态度、价值观的培养，忽视儿童的动手技能。

我国现行的生态道德教育方法还是偏于简单、粗放，说教多、情感体验少。《中小学生态教育实施指南》中提出生态教育要"引导学生全面看待环境问题，培养他们的社会责任感和解决实际问题的能力"，那么，生态教育就必须注重实践性，即强调"学生在亲身体验中发现和创造知识；在解决现实环境问题的过程中发展创新能力及批判与反思能力；在参与中增进交流与理解，形成正确的环境价值观"，仅仅靠"填鸭"式的课堂教学是不行的，生态教育可以以跨学科的方式融入各科教学和学校管理中，也可以通过综合实践活动或依托社区来开展，还可以单独设立生态教育课，形式应该是丰富多样的。

4.2 改善我国儿童生态道德状况的思考和建议

4.2.1 学校是培养儿童生态道德素质的主阵地，父母是影响儿童生态道德素质的直接人，社会是形成儿童生态道德的大本营

小学阶段是儿童理解外在生态规则，逐渐学会自主判断、接受、改变的重要阶段，在这个过程中，学校、家庭和社会应当协同合作，优势互补，为儿童生态道德的建设构建"三位一体"的社会教育大课堂。

学校是学习科学文化知识的殿堂，儿童生态道德知识的学习和掌握无疑依赖于教师的告知和传授，有赖于学校文化氛围的熏陶，有赖于师生之间、同学之间的相互学习、共同提高和进步。实践证明，学校对培养儿童的生态道德素质具有无可比拟的重要作用。

家庭教育是生态道德教育的重要拓展渠道，也是一种最基础的教育，对青少年社会化过程具有极其深刻的影响。中外学者的研究表明，与学校教育相比，家庭教育有其自身的优点和长处。首先，父母子女之间多一层血缘关系，使子女对父母有一种特殊的信任感与亲切感，因而，对父母的教诲愿意听取，父母的喜怒哀乐时刻感染着子女，他们之间的心理相通使子女时刻受到父母不自觉的影响。其次，家庭是孩子的第一所学校，父母是孩子的第一任教师，家庭教育主要是在日常生活中使子女通过耳濡目染而受到潜移默化的影响。因此，父母责无旁贷地是影响孩子生态道德素质的关键人物。

社会是儿童实践生态道德认知的重要场所，社会大环境对儿童生态道德素质的影响是巨大的。人是社会的人，儿童只有在社会中才能真正地成长和成熟起来，要想使儿童的知情意行统一起来，必须通过社会的锤炼和塑造。而且也只有在社会中，儿童才可能真正了解生态的意义和

价值，领悟生态道德的真谛，从而自觉地践行生态道德，实现保护生态、和谐共存、共同发展的生态理念。

因此，要改善和提高儿童的生态道德素质，必须使学校、家庭和社会联动起来，形成"三位一体"的社会教育大课堂，协同合作，优势互补。

4.2.2 培养儿童生态道德的关键时期是小学阶段

对于少年儿童来说，小学阶段大脑正处于快速发展的时期，因而，动力定型的速度也比较迅速，此时的生态教育将给儿童一生带来不可磨灭的影响。常言道，习惯是从小养成的，道德习惯的养成教育必须从娃娃抓起，而且儿童具有天生的亲自然倾向，他们参与环保实践的积极性比较高，比较容易正面引导和教育。因此，培养儿童生态道德的关键时期是小学阶段。

由于教育对象年龄和身心发展水平特别是思想发展水平的差异，不同教育阶段的受教育者所能接受的道德教育的内容在层次的高低、深浅和范围的宽窄上是不同的。不同教育阶段的教育内容的侧重点和针对性必须有所区别，同样教育内容对不同教育阶段的学生也应有不同的要求。因此，学校生态道德教育要以儿童的身心发展规律为基础，把道德教育内容的设计和安排置于一个由浅入深、由低级到高级的序列之中。

根据儿童的道德认知和发展规律，低年级、中年级的生态道德教育应注重感性，可以通过室外游玩、观看形象的图片和录像、创设情境、角色扮演等形式亲近自然、感受自然、真实了解自然中存在的严重生态问题，陶冶生态道德情感，强化生态体验。而高年级的生态道德教育重在知性，可以通过参观考察、生态旅游、调查、讨论主要的生态问题，理解生态规律、遵守生态道德规范的重要意义，积极参与环保宣传活动，提高生态道德认知水平，增强生态主人翁的责任感和使命感，做知行合一、人格完整的社会主义小公民。因此，学校应该做到按儿童的年龄和理解程度来安排进度，生态道德教育内容循序渐进，每个年级的生态道德教育都有重点，有目标。

低年级的生态道德教育内容重点：喜欢身边的大自然，友善地对待动植物；具有珍重生命之心；接触美好的事物，心情爽快。

中年级的生态道德教育内容重点：认识大自然的伟大和神秘，珍惜大自然，爱护动植物；懂得生命之宝贵，爱护一切有生命的东西；对美丽的东西具有感动之情。

　　高年级的生态道德教育内容重点：懂得大自然的伟大，爱护自然环境；懂得生命是世上最珍贵的无价之宝，尊重自己以及他人的生命；具有对美好事物感动的心情和对超越人类力量的敬畏之情。

　　此外，小学阶段的生态道德教育还要注重教育理念的创新，教学方式的改进，教学活动的多样化，做到切实提高生态道德教育的实效性。

　　首先，要试图做到帮助儿童在其真实的生活环境中提升其生态道德品质。这就要求学校教育工作者关注两个方面：一是关注儿童的主体地位，尊重并运用儿童道德认识和发展的规律；二是关注儿童的现实生活，儿童在学校生活中的活动视为一种动态的生成性过程，即关照儿童过去的生活、现实的生活和未来可能的生活，利用与儿童生活比较贴近，与其切身利益密切相关的生态问题作为教育内容。

　　其次，要利用当地的生态教育资源，开展有特色的生态教育活动，充分调动儿童的主动性、积极性和创造性，加强情感教育、体验教育，让儿童切实融入到自觉爱护环境、保护生态的现实活动中来，切实提高儿童的生态道德认知水平，提高其生态保护的能力。

　　最后，加强儿童生态道德教育的评估机制建设，努力解决生态道德教育活动所面临的师资和经费问题。这是落实当前我国儿童生态道德教育目标的关键。

（五）附录

（1）调查问卷

中国六城市儿童生态道德状况调查问卷

亲爱的同学，你好！

　　我们在进行一项调查，希望得到你的帮助，请将你的真实想法和做法选取出来。这份问卷没有成绩的高低，也不署名，你的真实回答对我们收集信息非常重要。

　　非常感谢你的帮助，谢谢！

你的性别：　　　　　　　年级：

认真阅读题目，选择你认为最符合自己想法和做法的答案，在字母序号前面画勾。（每道题目，只选择一个答案）

1. 动植物和人类一样具有生存权益，我们应该尊重和保护它们。你对这个观点：

    A. 很赞同   B. 一般认同   C. 不认为是这样

2. 红木是珍贵的植物树种，用它制作的家具是豪华富贵的象征。如果你有钱，会买一套吗：

    A. 会买   B. 不会买   C. 不确定

3. 你知道中国的植树节吗？具体是哪天：

    A. 知道（请注明）：

    B. 知道，但不知道具体哪天

    C. 不知道

4. 减少日常用品的消费量就是保护生态环境，你同意吗：

    A. 同意   B. 不同意   C. 不确定

5. 看到广场上的鸽子，有些小朋友追来追去让它们飞起来展现美丽的身姿，你认为：

    A. 正常   B. 不恰当   C. 不确定

6. 你知道夏天的空调开到多少度适于节约用电吗：

    A. 22 度   B. 24 度   C. 26 度

7. 你认为儿童们在环境保护中能起到的作用是：

    A. 很大   B. 不太大   C. 很小

8. 温室效应使得全球变暖，这主要是人类在地球上的活动加剧造成的，你认为这种说法：

    A. 正确   B. 不正确   C. 不知道

9. 如果你父母买回几只漂亮的小鸟来喂养，你会感到：

    A. 很高兴，小鸟给我带来乐趣

    B. 很矛盾，小鸟很可爱，但关起来挺可怜的

    C. 不愿意，想把小鸟放了

10. 春花秋月，夏果冬雪，小鸟歌唱，动物嬉戏，对这些自然景象，你会：

    A. 没怎么留意   B. 有时候会留意   C. 常常能注意到

11. 你的同学当中，再次使用别人用过的文具或是一双鞋穿了很长时间很旧了，这种勤俭节约的现象：

A. 不少 B. 有一些 C. 不多

12. 为了保护我国的资源，可以从国外进口。

A. 同意 B. 不同意 C. 不确定

13. 不干扰野生动物的生活就是保护它们。

A. 同意 B. 不同意 C. 不确定

14. 同学们之间谈论环境知识、环境保护的话题多吗：

A. 经常谈起 B. 偶尔谈起 C. 几乎不谈

15. 现在很多地方都有绿草地，你看到同学们通常：

A. 不踩踏 B. 偶尔踩踏 C. 经常踩踏

16. 放生买来的动物会使它们面临没有食物或被天敌吃掉的危险，所以不应买动物放生。你的观点：

A. 同意 B. 不同意 C. 不确定

17. 你看到同学们在塑料袋的使用上，通常会：

A. 用一次就扔掉 B. 多次重复利用 C. 没注意过

18. 你的学习用品量或玩具量，通常：

A. 有富余 B. 刚好 C. 缺乏

19. 你使用一次性用品（如一次性筷子）吗：

A. 不使用 B. 经常使用 C. 偶尔使用

20. 见到校园里不爱护环境的行为（比如，采摘花草、在草坪上玩耍、乱扔东西等），同学们往往会：

A. 上前制止 B. 报告老师 C. 不去理会

21. 参观动物园里的动物时，喂它们吃一些东西，是爱护动物的行为，你同意吗：

A. 同意 B. 不同意 C. 不确定

22. 你是否愿意接受别人穿过但依然干净的旧衣服：

A. 愿意 B. 不愿意 C. 不知道

23. 不应该用珍贵稀有的树木做家具。

A. 同意 B. 不同意 C. 不确定

24. 你参加过的最多的生态教育活动是：

A. 捡拾垃圾

B. 植树

C. 户外考察、生态旅游

D. 去博物馆

E. 听讲座

F. 参加环保宣传活动（如征文、知识竞赛等）

G. 其他（请填写）：

25. 你参加的生态教育活动主要是：

A. 学校组织的

B. 家长带着去的

C. 校外单位（少年宫、民间组织）组织的

D. 其他（请填写）：

26. 你的环境知识、对环境的态度以及环境保护能力，主要来自于：

A. 学校学习和组织的活动

B. 父母常讲这方面的知识，带我参加这方面的活动

C. 自己看课外书、看电视、上网等

D. 伙伴、同学之间的交流

E. 在校外参加的活动（如少年宫、科技馆组织的兴趣小组、各种比赛等）

F. 其他（请填写）：

27. 你对同学们所具有的环境知识、环境态度与环保能力感到：

A. 满意   B. 一般   C. 不满意

28. 你在学校获得的生态教育的主要内容是：

A. 有关环境的知识

B. 有关环境的法律法规

C. 有关改善环境的方法和技术

D. 对自然的热爱和赞美

29. 你最喜欢哪种类型的环保主题活动：

A. 参观考察

B. 听讲座、看电影电视

C. 动手制作

D. 参加环保宣传活动（如征文、知识竞赛等）

E. 其他（请填写）：

（2）调查说明

一、调查对象

本次问卷调查对象为中国六城市（贵州省贵阳市、江西省南昌市、山东省青岛市、江苏省南通市、辽宁省沈阳市、湖北省宜昌市）的儿童，具体为各个城市 3～6 年级的儿童。

二、调查时间

本次问卷调查最后收卷时间为：2008 年 6 月底。

三、抽样原则

（1）每个城市从各个城区中选取 5～10 所学校（好、中、差学校都要有）的 3～6 年级儿童共 500 名进行调查。

（2）接受问卷调查的儿童要有普通性、大众性特点（各种家庭背景、学业成绩状况的儿童都要有），避免单一性。比如，不要在某大学的附小选取样本。

（3）儿童样本中，三、四、五、六年级的比例应保持平衡。

（4）避免选取私立学校和特长学校的儿童。

（5）如果遇到按成绩分班的学校，要避开重新抽样，或者以年级为单位随机抽样。

（6）儿童样本的性别比例应大致保持 1：1。

四、样本数量

为了保证有效样本的数量，问卷的实际发放数量应在上述基础上增加 10％，即增加到 550 份。

五、组织实施

本次调查由中国儿童中心委托六城市的调查研究项目点负责组织和实施，每个项目点设 1 名联络员，负责联络和协调问卷调查具体事宜。各个城市的项目调查负责人至少要选派 2 名专门的调查员负责每个调查点问卷的发放与回收工作。

六、调查员的基本要求

（1）要有高度认真负责的精神。

（2）要严格按照抽样原则选取样本。

（3）不得代答或擅自修改问卷答案。

七、问卷填答说明

（1）确认调查对象是否符合取样标准（年龄、年级、性别比例、随机性等），如有不符合标准者，请及时替换。

（2）组织测试现场。

①请教师退出现场；

②请儿童用钢笔或圆珠笔填写问卷；

③告诉儿童要真实填写，不记名字不记分；

④提醒儿童要独立完成答卷，不要和同学商量，有问题请问调查员；

⑤提醒儿童问卷为单选，只选择一个答案。

（3）发放问卷后请读问卷指导语，并说明调查员的单位和职务、调查的性质和要求。

（4）儿童问卷调查现场应有两名调查员。一名调查员负责主持测试（需要经过培训）；另一名负责检查问卷填答的质量。

（5）儿童问卷填答完毕后，调查员务必仔细检查儿童问卷：

①是否有漏填；

②是否填重或填错。

如发现有上述现象，请儿童回去修改、补充。

（6）问卷检查合格后应该向儿童表达谢意。

（3）访谈内容

·学校管理人员和教师访谈提纲：

①被访问人的背景（性别、年龄、职务、学历、是否从事过生态教育等）。

②您了解生态、生态教育（生态教育）吗？

③贵校生态教育的开展情况，频率，参与范围、内容、形式、经费、效益如何？

④儿童对贵校举办的生态教育的反应如何，参与性、兴趣性、效果怎样？为什么？

⑤家长对于贵校所举办的生态教育活动的态度如何？

⑥贵校从事生态教育的教师是否受过专业培训？在开展此类活动中学校的主要困难有哪些？

⑦贵校（单位）的生态教育是否纳入全校教育评估体系？您怎么看

待对生态教育进行评估？

⑧当前学校、家庭、校外（社区、社会）在儿童的环境素质培养上所起的作用如何？

⑨当前儿童的生态环境素养（知识、情感和态度、行为）状况如何？影响儿童生态环境素养的主要因素是什么？

⑩对在儿童中开展生态教育的意见和建议有哪些？

• 家长访谈提纲：

①被访问人的背景（性别、年龄、职业、学历等）。

②您对生态（生态教育）的了解如何？有没有参加过类似的活动？

③您认为生态教育的必要性如何？对于孩子全面发展和健康成长的作用如何？

④您的家庭是否注重生活细节中的环保（如一水多用、塑料袋重复使用、垃圾分类等）？

⑤您是否注重在家庭生活中对孩子进行生态教育？如何做的？孩子的反应如何？

⑥您认为孩子喜欢哪些生态教育活动？（谁组织的？什么内容、形式的活动？）

⑦您对学校、家庭、校外（社会）在儿童生态教育中的作用怎么看？（优缺点）

⑧您认为对孩子进行生态教育最好的方法是什么？（谁组织最好）

⑨您对当前孩子们的生态环境素养状况（知识、情感和态度、行为）有何评价？

⑩您对在儿童中开展生态教育的建议和意见有哪些？

• 儿童访谈提纲：

①被访问人的背景（性别、年龄、学历）。

②你了解生态、生态环境吗？

③你能想到的有关环境保护的知识有哪些？（一般知识、法律法规、环保标识和节日）

④你看到环境被污染以及破坏环境的行为时，有什么感受？（如随地吐痰、践踏草坪等）

⑤当你看到别人污染环境、破坏环境（举例）时，通常怎样做？

⑥你是否也有不够环保、甚至污染环境的行为？（是不是、偶尔、

几乎不）为什么？（不具有这个知识、没有这方面的意识、不小心等）

⑦你觉得你的哪些行为有利于环境的保护？请举例。

⑧你觉得周围同学们的环境保护知识、态度和他们的行为如何？

⑨你参加过的生态教育（环境保护）活动有哪些？请举例。有何收获？

⑩你喜欢哪些生态教育活动？（由谁组织、何种内容、形式）

⑪你所具有的环境知识及环保能力主要受谁的影响（学校、家长、自己看书和同学交流）？

⑫家长是否支持你参加生态教育活动？（怎么支持）

（4）访谈说明

一、访谈目的

为了获取儿童生态道德状况，尤其是其生态道德教育状况更为深入、细致的信息和资料，以弥补问卷调查的不足。

二、访谈时间

本次访谈的时间为：2008 年 6 月到 8 月。

三、访谈对象

访谈对象为课题组选取城市的学校（小学）管理人员、教师、家长和儿童。

访谈对象选取应该遵循如下原则：

（1）学校管理人员应考虑职务多样性，如有负责少先队（德育）工作的教师，也有校长。

（2）教师的选取应该尽量来自不同学校不同学科，而且应该有班主任。

（3）家长的选取应考虑职业的多样性为原则，男女比例大致为 1：1。

（4）儿童的选取应考虑性别（大致保持 1：1）、年级（三、四、五、六年级儿童数量大致相同）、家庭背景多样化等因素。

访谈对象数量的具体要求如下：

（1）访谈对象分为三组：学校管理人员和教师一组；家长一组；儿童一组。

（2）学校管理人员和教师组人数约 12 人。

（3）家长组人数约 12 人。

（4）儿童组人数约 12 人。

四、访谈时的要求

访谈时以事先确定好的访谈提纲为主，但可以根据情况（如问卷调查后对有些问题的怀疑）或被访谈者当时的状态进行适当的追问，甚至提出新问题，以获得更为详尽、生动的信息。访谈时还应该注意：一是采用录音形式，客观记录被访谈者所有言语信息；二是访谈中尽量不影响、干扰被访谈者的谈话，对他（她）的一些印象，可以在访谈结束后立即补充记录。

五、访谈的组织实施

本次访谈由课题组选取的项目点协助中国儿童中心组织和实施。开展访谈的城市应有 1 名联络员，负责访谈对象的组织、访谈情况的说明等具体事宜。

（5）课题组

主持人：曾建平（江西师范大学哲学与社会科学研究部主任、哲学博士、教授、博士生导师；现为井冈山大学副校长）

成员：代峰（南昌航空大学马克思主义学院讲师、硕士、博士研究生）

江西师范大学伦理学专业硕士研究生 2006 级黄以胜等 8 人、2007 级曾庆平等 9 人

技术支持：李立文（南昌航空大学文法学院讲师、硕士、博士研究生）

参考文献

1. 波兹曼著，吴燕莛译．童年的消逝．桂林：广西师范大学出版社，2004

2. 陈桂生．我国基础教育中的"思想品德课程"问题．北京大学教育评论，2006（4）

3. 杜威著，任钟印译．教育中的兴趣与努力．见：赵祥麟，任钟印，吴志宏译．学校与社会·明日之学校．北京：人民教育出版社，1994

4. 教育部．品德与生活课程标准．北京：北京师范大学出版社，2002

5. 教育部．品德与社会课程标准．北京：北京师范大学出版社，2002

6. 课程教材研究所．20世纪中国中小学课程标准·教学大纲汇编·思想政治卷．北京：人民教育出版社，2001

7. 柯尔伯格著，魏贤超，柯森等译．道德教育的哲学．杭州：浙江教育出版社，2000

8. 柯尔伯格著，郭本禹等译．道德发展心理学：道德阶段的本质与确证．上海：华东师范大学出版社，2004

9. 拉思斯著，谭松贤译．价值与教学．杭州：浙江教育出版社，2003

10. 李奥帕德著，吴美真译．沙郡年记．北京：生活·读书·新知三联书店，1999

11. 李伯黍．柯尔堡的道德教育观点述评．教育研究，1981（4）

12. 里克纳著，刘冰，董晓航，邓海平译．美式课堂：品质教育学校方略．海口：海南出版社，2001a

13. 里克纳著，喻佑斌，罗文盛译．美式家庭：品质教育家长对策．海口：海南出版社，2001b

14. 麦金太尔著，龚群，戴扬毅译．德性之后．北京：中国社会科学出版社，1995

15. 蒙台梭利著，马荣根，单中惠译．童年的秘密．北京：人民教育出版社，2005

16. 牛顿，迪林汉姆著，吴晓东，翁瑞译．分水岭：环境伦理学的 10 个案例．北京：清华大学出版社，2005

17. 龙应台．野火集．台北：圆神出版社，1985

18. 诺丁斯著，于天龙译．学会关心：教育的另一种模式．北京：教育科学出版社，2003

19. 培根著，许宝葵译．新工具．北京：商务印书馆，1986

20. 世界自然基金会香港分会．绿 Teen 日记：学生手册．2010-08-23，来自：http：//assets. wwfhk. panda. org/downloads/studentrecordbook. pdf.

21. 斯科特著，王晓毅译．国家的视角：那些试图改善人类状况的项目是如何失败的．北京：社会科学文献出版社，2004

22. 泰勒著，程炼译．现代性之隐忧．北京：中央编译出版社，2001

23. 涂尔干著，陈光金，沈杰，朱谐汉译．道德教育．上海：上海人民出版社，2001

24. 汪静明．环境教育的生态理念与内涵．环境教育学刊（台）.2003（2）

25. 魏贤超．价值澄清学派的道德教育学说．比较教育研究.1984（4）

26. 吴慧珠．新中国小学德育课程的演变．课程·教材·教法.2006（2）

27. 辛格著，孟祥森，钱永详译．动物解放．北京：光明日报出版社，1999

28. 许广明，杨通进．译者前言．见：罗尔斯顿著，杨通进，许广明译．环境伦理学．北京：中国社会科学出版社，2000，1～21

29. Aries，P.（1960）. *Centuries of childhood*（R. Baldick Trans.）. Baltimore：Penguin.

30. ASCD（1988）. Moral education in the life of the school：ASCD panel on moral education. *Educational Leadership*，45（8），4～8.

31. Barth，J. L.（1990）. *Methods of instruction in social studies education*（3rd Ed.）. Lanham：University Press of America.

32. Bebeau，M. J.，Rest，J. R. & Narvaez，D.（1999）. Beyond the promise：A perspective on research in moral education. *Educational Researcher*，28（4），18～26.

33. Bowers，C. A.（1995）. *Educating for an ecologically sustainable*

culture：*Rethinking moral education*，*creativity*，*intelligence*，*and other modern orthodoxies*. New York：State University of New York.

34. Bramwell，A.（1989）. *Ecology in the 20th century*：*A history*. New Haven：Yale University Press.

35. Brennan，A. & Lo，Y.（2008）. Environmental ethics. In Stanford encyclopedia of philosophy. Retrieved 2010-08-22，from：http：// plato. stanford. edu/entries/ethics-environmental/.

36. Caduto，M. J.（1985）. *A guide on environmental values education*. Paris：UNESCO-UNEP.

37. Character Counts（2009）. *The six pillars of character*. Retrieved 2010-09-03，from：http：//www. choose. drake. edu/icd/PDFs/ Resources%20-%20Examples/About-the-Six-Pillars. pdf.

38. Connell，W. F.（1975）. Moral education：Aims and methods in China，the USSR，the U. S. ，and England. *Phi Delta Kappan*，56（10），702~706.

39. Davies，D.（2000）. Christianity. In. J. Holm & W. Bowker. （Eds. ） *Making moral decisions*（reprinted Ed. ） （pp. 41~67）. New York：Continuum.

40. Ehrlich，P. R.（1968）. *The population bomb*. New York：Ballantine.

41. Faber，M. & Manstetten，R.（2010）. *Philosophical basics of ecology and economy*（D. Adams Trans. ）. London：Routledge.

42. Hughes，J. D. ，Foltz，B. & Stone，A.（2009）. Environmental philosophy. In. Callicott，J. B. & Frodeman，R. （Eds. ）. *Encyclopedia of environmental ethics and philosophy*（pp. 354~385）. Detroit：Macmillan.

43. Hunt，T. & M. M. Mullins（2005）. *Moral education in America's schools*：*The continuing challenge*. Greenwich：Information Age Publishing.

44. Ingall，C. K.（1998）. *Metaphors*，*maps and mirrors*：*Moral education in middle school*. Greenwich：Ablex.

45. Kirschenbaum，H. (2000). From values clarification to character education: A personal journey. *Journal of Humanistic Counseling, Education and Development*, 39 (1), 4~20.

46. Krapfel, P. (1999) . Deepening children's participation through local ecological investigations. In. Smith, G. A. & Williams, D. R. (Eds.) . *Ecological education in action: On weaving education, culture, and the environment* (pp. 47~64) . New York: State University of New York.

47. Lee, W. & Ho, C. (2005) . Ideo-political shifts and changes in moral education policy in China. *Journal of Moral Education*, 34 (4), 413~431.

48. Lu, J. & Gao, D. (2004) . New directions in the moral education curriculum in Chinese primary schools. *Journal of Moral Education*, 33 (4), 495~510.

49. McClellan, B. E. (1999) . *Moral education in America: Schools and the shaping of character from colonial times to the present*. New York: Teachers College Press.

50. Miranda, M., Burris, P., Bingcang, J. F., Shearman, P., Briones, J. O., La Vina, A. & Menard, S. (2003) . *Mining and critical ecosystems: Mapping the risks*. Warshinton, D. C. : World Resources Institute.

51. Noddings, N. (1995) . A morally defensible mission for schools in the 21st century. *Phi Delta Kappan*, 76 (5), 365~369.

52. Piaget, J. (1929 / 1997) . *The child's conception of the world* (Joan & Andrew Tomlinson, Trans.) . London: Routledge.

53. Purpel, D. & K. Ryan (1976) . *Moral education: It comes with the territory*. Berkeley: McCutchan Publishing.

54. Reed, G. G. (1995) . Moral / political education in the People's Republic of China: Learning throuth role models. *Journal of Moral Education*, 24 (2), 99~111.

55. Rokeach, M. (1973) . *The nature of human values*. New York: The Free Press.

56. Ryan，K.（1986）. The new moral education. *Phi Delta Kappan*，68（4），228～233.

57. Sarkar（2005）. *Ecology. Stanford encyclopedia of philosophy.* Retrieved 2010－8－25，From：http：//plato. stanford. edu/entries/ecology/.

58. Shrader-Frechette，K.（2002）. *Environmental justice：Creating equality，reclaiming democracy.* New York：Oxford University Press.

59. Sommers，C. H.（2002）. How moral education is finding its way back into America's schools. In Damon，W.（Ed.），*Bringing in a new era in character education*（pp. 23～41）. Stanford：Hoover Institution Press.

60. Taylor，P. W.（1986）. *Respect for nature：A theory of environmental ethics.* Princeton：Princeton University Press.

61. UNESCO.（1977）. *Tbilisi Declaration.* Retrieved 2010-09-01，From：http：//unesdoc. unesco. org/images/0003/000327/032763eo. pdf.

62. UNESCO.（1992）. The earth charter. Retrieved 2010-09-01，From：http：//www. unesco. org/education/tlsf/TLSF/theme _ a/mod02/img/earthcharter. pdf.

63. White，L.（1967）. The historical roots of our ecological crisis，*Science*，55，1203～1207.

64. Wilson，J.（1968）. Comparative aims in moral education：Problems in methodology. *Comparative Education*，4（2），117～123.

65. Zhu，X.（2006）. Moral education and values education in curriculum reform in China. *Frontiers of Education in China*，1（2），191～200.

后　记

　　儿童是祖国的未来，民族的希望。当前我国 18 岁以下的未成年人约有 3.67 亿，约占全国总人口的 1/3，因此未成年人的思想状况将直接关系到中华民族的整体素质，关系到和谐社会的构建，更关系到国家的前途和民族的命运。中国儿童中心为了落实中央颁布的 4 号和 8 号文件精神，自 2008 年起，设立了"全国少年儿童生态道德教育计划"项目。项目以生态教育为内容，以促进儿童道德发展为目标，开展了对未成年人思想道德建设的进一步探索。

　　为了生态项目的顺利开展，中国儿童中心与江西井冈山大学、北京师范大学教育学部和北京教育科学研究院可持续发展教育研究中心等机构合作，成立项目研究课题组，就儿童生态道德教育的现状、儿童生态道德教育的理论和实践等方面进行探索和研究，本书即为该项工作的初步成果。

　　本书分为正文和附录两个部分，第一部分为《儿童生态道德教育导论》，由北京师范大学教育学部的丁道勇老师撰写，徐苹、乔芳提供了支持，梳理了儿童生态道德教育的相关理论；第二部分为附录，联合国教科文组织环境人口与可持续发展教育（EPD）工作委员会执行主任、北京教育科学研究院可持续发展教育研究中心主任史根东教授率领的团队梳理了五个国家和地区环境教育的经验，并提供了许多宝贵的环境教育、可持续发展教育和道德教育等方面的教学资源，团队成员有北京教育科学研究院的王咸娟、刘睿；"中国（六城市）儿童生态道德教育状况调研报告"由江西井冈山大学副校长曾建平教授的团队协助完成，团队成员有代峰（南昌航空大学马克思主义学院讲师）、黄以胜（江西农业大学教师）、曾庆平（井冈山大学教师）等。

　　本书的修订过程中，中国儿童中心丛中笑主任、苑立新副主任、赵泽生副主任，中国青年政治学院陈涛教授、何玲副教授，北京市西城区教育科学研究中心林春腾教授，北京师范大学易进副教授，北京市西城区青少年科技馆特级教师周又红，北京市学科带头人、朝阳区青少年活动中心高级教师韩静等专家都提出了十分中肯和实效的修改建议。本书由中国儿童中心霍雨佳、北京师范大学丁道勇统稿，项目组的其他人员承担了文字校对工作。

　　在此，对上述各位为本书作出的贡献，表示特别的感谢！此外，还要特别感谢参与项目活动的各地校外机构在项目推进与实施中所作出的积极贡献！另外，本书所涉及的相关内容也作为课题申报为北京市哲学社会科学"十一五"规划项目（项目编号：10BaJY073），得到了北京市社会科学规划办公室对项目的支持。在此，一并表示感谢！

　　本书是在生态项目执行过程中的尝试与探索，希望本书可以为儿童生态道德教育在我国的探索奠定理论基础，更为儿童思想道德教育乃至中国儿童教育事业作出贡献。但由于项目组能力有限，书稿难免存在不足之处，真诚期待着业界同人和广大读者不吝指正。

中国儿童中心

"全国少年儿童生态道德教育计划"项目组

2011 年 10 月